21世纪会计系列规划教材 **应用型**

会计学科专业
导论

（第二版）

韩 冰 编著

单昭祥 审定

Kuaiji Xueke Zhuanye
Daolun

东北财经大学出版社 | 大连
Dongbei University of Finance & Economics Press

图书在版编目（CIP）数据

会计学科专业导论 / 韩冰编著. —2版. —大连：东北财经大学出版社，2022.9（2025.7重印）
（21世纪会计系列规划教材·应用型）
ISBN 978-7-5654-4631-3

Ⅰ.会… Ⅱ.韩… Ⅲ.会计学-高等学校-教材 Ⅳ.F230

中国版本图书馆CIP数据核字（2022）第147331号

东北财经大学出版社出版
（大连市黑石礁尖山街217号 邮政编码 116025）
网 址：http://www.dufep.cn
读者信箱：dufep@dufe.edu.cn
大连永盛印业有限公司印刷 东北财经大学出版社发行

幅面尺寸：170mm×240mm 字数：220千字 印张：11
2022年9月第2版 2025年7月第7次印刷
责任编辑：高 铭 吴 茜 责任校对：齐 心
封面设计：冀贵收 版式设计：原 皓

定价：42.00元

教学支持 售后服务 联系电话：（0411）84710309

如有印装质量问题，请联系营销部：（0411）84710711

第二版前言

经济越发展，会计越重要。会计是什么？会计能做什么？

本书主要介绍：

●会计是什么（会计的概念）？

●会计能做什么（会计的职能）？——核算、管理、监督。

●核算、管理、监督什么？——会计对象与会计要素。

●反映会计核算、管理、监督的会计学科专业有哪些？——会计学、财务管理、审计学。

●在什么基础上进行核算、管理、监督？——会计法律体系与会计职业道德。

●由谁对核算、管理、监督进行管理？——国家会计工作管理体制。

●核算、管理、监督的前途如何？——会计改革与发展。

●如何规划核算、管理、监督的会计人生？——会计职业生涯。

本书中“会计学科三大专业”是指会计学、财务管理和审计学专业，以下简称“三大专业”。新生入校后，首先必须了解和学习的会计知识入门课、引导课，就是“会计学科专业导论”。该课程对“三大专业”学生的专业学习和人生规划具有举足轻重的作用。初学者学习“会计学科专业导论”虽然如同管中窥豹，但可以对会计学科全貌有一个初步的认识。

全书的逻辑结构如下：

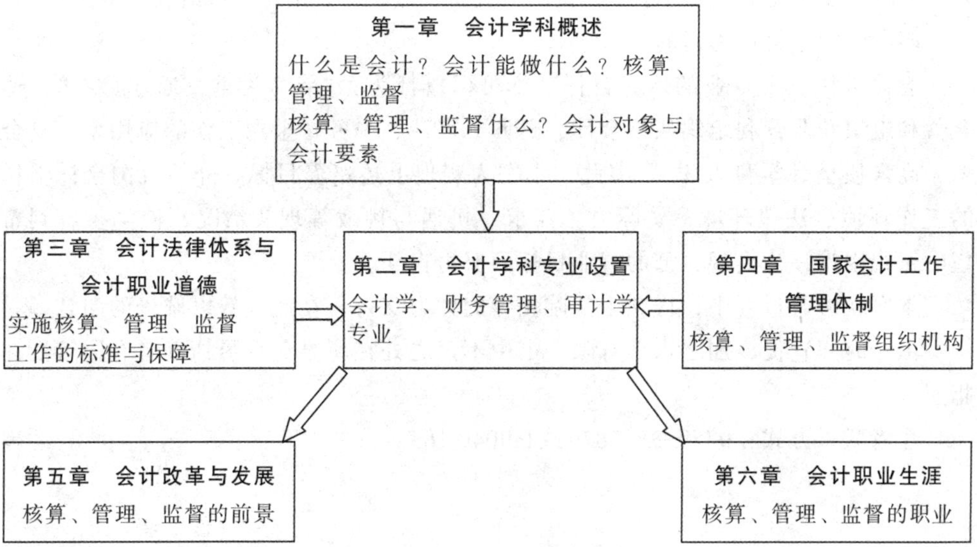

本书是奉献给会计学、财务管理和审计学专业新同学的见面礼，因为它是会计职业生涯的起点，也是会计职业生涯的向导。它会告诉你“三大专业”的培养目标、培养要求、要学习哪些课程以及学制和学分，毕业后适合到什么单位工作，保障会计工作正常进行的会计法律体系与会计职业道德，实施会计工作管理的体制，会计的改革与发展前景，会计学历教育、会计专业技术资格与职务、会计职业生涯等与会计学科专业相关的知识。相信能够读懂《会计学科专业导论》的同学们，一定能够实现属于自己的丰富多彩的会计职业人生！

本书的主要特点是：以会计实践为依托、以实际需要为主线、以改革创新为特色、以学生就业为目的。

一、以会计实践为依托

培养应用型会计人才，理论离不开实践。本书以我国会计实践环境、会计人才需求、会计实际工作为依托，介绍会计学科的会计学、财务管理、审计学三大专业培养目标、培养要求、专业教学体系、就业方向。

二、以实际需要为主线

本书站在有利于学生学习、了解、掌握会计学科知识，有利于会计人生规划的角度，从新生的现实情况出发，介绍本专业必须知晓的专业培养目标、专业教学体系、专业技术资格与职务、改革发展方向、就业前景等相关知识，为以后会计学科的专业学习和就业打下坚实基础。

三、以改革创新为特色

本书结合党的二十大精神，以《会计改革与发展“十四五”规划纲要》《会计行业人才发展规划（2021—2025年）》为依据，以作者多年的理论知识积累、实践经验积累为基础，提出了会计学科建设的一些新观点、新看法，并付诸教学工作中。

四、以学生就业为目的

会计学科三大专业的培养目标基本可以概括为：“能力为重，通才+专才，适合营利组织和非营利组织从事会计、财务、审计、税务、金融工作的应用型、复合型、高素质会计学科人才。”因此，本书为实现上述培养目标，介绍我国会计学科的工作环境、法律环境、实际人才需求、机遇与挑战等现实情况，使学生看到希望，正视困难，为实现自己的就业目标而努力奋斗。

本书在编著过程中，得到了学院领导的大力支持，在此，致以诚挚的谢意。

由于时间仓促，加之水平有限，书中不足之处在所难免，恳请读者和同行批评指正。

作者联系方式：0759-3623879或fall04@163.com。

作　者

2022年6月（2023年8月修改）

目 录

第一章

会计学科概述

本章主要内容：会计的历史——会计的发展历程；会计是什么——会计的概念；会计能干什么（会计职能）——核算、管理和监督；会计核算、管理和监督什么（会计对象与会计要素）——资产、负债、所有者权益、收入、费用、利润；会计发展的结果是什么——形成会计学科。

第一节 会计的演变

提起会计，无人不知，无人不晓。人们心目中的会计，多指记账、算账、报账工作，抑或从事记账、算账、报账工作的人。其实，会计也是今非昔比，在不同的历史时期，会计的含义也不相同。

会计的历史源远流长，并形成了专门研究中西方会计产生和发展历史的学科——会计史。国外会计概念最早的发源地是埃及、希腊和罗马，早在公元前，就已经有了反映经济业务的记录。我国会计最早形成于西周时期，《周礼天官》记载："会计，以参互考日成，以月要考月成，以岁会考岁成。"参互、月要、岁会初步具备了现代会计中旬报、月报、年报等会计报表的作用。西周时期设立了会计机构和专门的官职——司会，专门核算周王朝的财物税赋，并对财物的收支进行"月计岁会"。这说明会计已经从生产职能中分离出来，成为特殊的、专门委托代理人行使的独立职能，会计职业应运而生。

一、古代会计

15世纪末期以前，我们将这一阶段的会计称为古代会计。在这一阶段，生产力的不断发展，剩余产品的不断增加，是古代会计形成的标志。古代会计是指采用单式簿记，对某一特定主体的经济业务进行记录、计算和考核收支的工作。

二、近代会计

从15世纪末期至20世纪50年代，我们将这一阶段的会计称为近代会计。在这一阶段，会计从单式记账法过渡到复式记账法，是近代会计形成的标志。1494年，意大利传教士、数学家卢卡·帕乔利（Luca Pacioli）在威尼斯出版了一部耗费了他30年心血的世界名著——《算术、几何、比及比例概要》。在这部巨著中，他系统地总结和论述了借贷复式记账原理及其运用，奠定了复式记账法的理论基础，标志着近代会计的开端，成为会计发展史上的一个里程碑。因此，近代会计是采用复式记账方法，以货币为主要计量单位，对特定主体的交易或者事项进行连续、系统、全面的核算与监督，为特定主体的内外部经济利益相关者提供以财务信息为主的经济信息系统。

三、现代会计

从20世纪50年代至今，我们将这一阶段的会计称为现代会计。在这一阶段，会计工作的内容由最初的记账、算账、报账，逐步拓展到预测经济前景、参与经济决策、规划经济目标、控制经营过程、分析经济状况、考评经营业绩、监督经济活动等方面。1952年，国际会计师联合会正式通过“管理会计”这一专业术语，标志着会计正式划分为“财务会计”和“管理会计”两大领域，形成了主要为企业外部经济利益相关者服务的财务会计和主要为企业内部经营管理服务的管理会计，这被认为是现代会计形成的标志。随着计算机技术、网络技术和通信技术的迅猛发展，现代数学、现代管理学与会计相结合，会计的内涵及外延都在不断地丰富和发展，在财务会计与管理会计的基础上，又形成了其他许多会计分支，如电算化会计、财务管理、审计学等。这样，比较完善的现代会计就逐步形成了。

现代会计是指以货币为主要计量单位，运用一系列专门方法和技术，对特定主体的经济活动，进行连续、系统、全面的核算，为特定主体内外部经济利益相关者提供以财务信息为主的经济信息系统，并在此基础上对经济业务进行预测、决策、规划、控制、分析、考评和监督的一项经济管理活动。

古代会计、近代会计、现代会计是会计形成和发展的三大阶段，不可能用一个笼统的“会计”含义比较准确地定义出不同阶段的会计概念。随着经济的发展和生产管理水平的不断提高，会计概念本身也在不断发展和完善。我们现在所说的会计，显然是指现代会计，以后如无特别说明，会计均指现代会计。不言而喻的是：“经济越发展，会计越重要；经济越发展，会计越完善。”

第二节 会计职能

上一节介绍了什么是会计及其形成与发展，本节在上一节的基础上，介绍会计能做什么，也就是会计职能。会计职能是指会计所具有的功能或能够发挥的作用。

在介绍会计职能之前，先介绍经济活动、经济业务、交易、事项四个概念。“经济活动”（economic activity），是指在一定的社会组织与秩序之下，人类为了求生存而经由劳动过程或支付适当代价以取得及利用各种生活资料的一切活动（包括人们从事物质生产及相应的交换、分配和消费活动）。经济活动主要是以劳动力等生产资料换取商品和服务，货币只是交易的媒介。

在会计实务中，把企业在日常活动或非日常活动中发生的，引起会计六要素增减变动的经济活动的具体内容称为经济业务，也称为会计事项。经济业务包括交易或事项两类。交易是指企业与其他主体之间发生的经济往来，例如，购进存货、销售商品、借入资金、对外投资等。事项是指企业内部发生的经济业务，例如，生产车间领用材料、计提资产减值准备等。本书对“经济业务”“会计事项”“交易”“事项”不作区别，但依据《企业会计准则——基本准则》，统称为“交易或者事项”。

会计职能会随着生产力水平的提高、科学技术的进步、管理水平的改进以及人们对会计认识的深化而发展变化，但就一定阶段来说，会计职能还是相对稳定的。

关于现代会计职能，目前有多种提法。一种提法是“核算”与“监督”两职能论，这是近代会计的职能，一直被延续到现在。而2018年财政部会计资格评价中心组织编写的初级会计专业技术资格考试指定教材《初级会计实务》，将会计职能定义为：“具有会计核算和会计监督两项基本职能，还具有预测经济前景、参与经济决策、评价经营业绩等拓展职能”，实际上是五职能论。还有一种观点是八职能论：核算经济业务、预测经济前景、参与经济决策、规划（预算）经济目标、控制经营过程、分析经济状况、考评经营业绩、监督经济活动。我们将其概括为三大职能：核算、管理（包括预测经济前景、参与经济决策、规划（预算）经济目标、控制经营过程、分析经济状况、考评经营业绩）、监督。其他一些提法，基本都在八职能范围之内。

我们认为，在古代会计、近代会计、现代会计这三个会计发展阶段中，会计职能由单一的核算职能发展到核算与监督两项职能，再发展到现在的核算、管理与监督三大职能。也就是说，现代会计的职能应概括为“核算”、“管理”与“监督”三项职能。其中，“管理”包括预测经济前景、参与经济决策、规划经济目标、控制经营过程、分析经济状况、考评经营业绩，也就是前面提到的八职能。

一、会计核算职能

会计核算职能又称会计反映职能，是指对企业已经发生的交易或者事项，主要以价值量的形式，进行确认、计量、记录和报告的功能。会计核算职能一直是会计最基本的职能，但随着会计信息化的飞速发展，会计职能正在逐渐由“以会计核算为主”向“以会计管理为主”转化。会计核算具有以下特征：

1. 会计核算主要是对已经发生的交易或者事项，以有关凭证为依据所进行的事后反映

会计核算只有在交易或者事项发生之后，才能取得该项交易或者事项完成的书面凭证，形成会计核算的初始资料，说明交易或者事项的来龙去脉，才能保证会计核算所提供的信息真实可靠。因此，会计核算主要是面向过去，而不是未来。

2.会计核算主要从价值量上反映企业会计要素增减变动及结存情况

虽然会计核算可以采用三种量度——货币量度、实物量度和劳动量度，从数量上反映会计要素的增减变动及结存情况，但是在商品经济条件下，主要以货币计量为主，将实物量度和劳动量度作为辅助量度。

3.会计核算具有连续性、系统性、全面性

所谓连续性是指对交易或者事项按照发生时间的先后顺序，逐笔、逐日、逐月、逐年地进行确认、计量和记录，不能间断。所谓系统性是指对会计对象在科学分类的基础上，采用专门的方法和技术，对会计信息进行加工处理，使所提供的数据资料能够成为一个有序的整体。所谓全面性是指凡是属于会计核算的各项交易或者事项，都必须毫无遗漏地加以确认、计量和记录。

与履行会计核算职能有关的课程将在基础会计学、中级财务会计、高级财务会计、税务会计与纳税筹划、金融企业会计、政府与非营利组织会计等课程中进一步学习。

二、会计管理职能

会计管理职能是指会计按照一定的目的和要求，主要利用会计核算所提供的信息，对企业的经济业务进行预测、决策、规划、控制、分析、考评，使其达到预期目标的功能。会计管理具有以下特征：

1.会计管理的内容较为丰富

会计管理的内容包括：预测经济前景、参与经济决策、规划经济目标、控制经营过程、分析经济状况、考评经营业绩。

2.会计管理包括事前、事中、事后的管理

事前管理是指预测经济前景、参与经济决策、规划经济目标；事中管理是指控制经营过程；事后管理是指分析经济状况、考评经营业绩。

3.会计管理主要是利用会计核算职能提供的“价值”指标进行的价值管理

会计管理是利用资产、负债、所有者权益、收入、费用、利润等价值指标，组织、管理企业的经济活动。

与履行会计管理职能有关的课程将在成本会计学、管理会计学、财务管理学、财务报告分析、内部控制、公司战略与风险管理等课程中学习。

三、会计监督职能

会计监督职能是指对企业的经济业务的合理性、合法性、合规性或风险性进行检查、督促和审计的功能。会计监督具有强制性和严肃性。会计监督具有以下特征：

1.会计监督包括事前、事中和事后监督

所谓事前监督，就是在经济活动还没有进行之前，就对经济活动的合理性、合法性、合规性或风险性进行的检查；事中监督，是指在经济活动进行中，对经济活动的合理性、合法性、合规性或风险性进行的查看与督促；事后监督是指在经济活动结束后，对经济活动的合理性、合法性、合规性进行的审计。

2.会计监督是以会计法律规范为依据的监督

这里的会计法律规范是指国家权力机关和行政机关制定的，用以调整会计关系的各种法律、法规、规章等规范性文件的总称。实施会计监督时，凡是不符合会计法律规范的经济活动，都要加以限制和制止。

3.会计监督主要是对会计核算职能和会计管理职能提供的“价值”指标所进行的监督

会计监督的核心是保证会计核算真实、完整、正确，会计管理合理、合法、合规。

与履行会计监督职能有关的主要课程将在审计学、审计实训（审计学专业将在审计学原理、审计法规、社会审计、内部审计、政府审计、计算机审计、审计案例、舞弊审计）等课程中学习。

四、两点说明

1.关于会计管理，有两种含义

会计管理：一是指国家、地区或部门对会计行政工作的管理，包括对会计法制、会计准则、审计准则、内部控制、会计鉴证、会计信息化、会计人员继续教育、会计人才队伍建设、会计理论研究等会计行政工作的管理。二是指会计主体对会计业务工作的管理。上述会计管理职能显然是指后者，包括预测、决策、规划、控制、分析、考评等会计业务工作的管理。本书以后提到的“会计管理”均指对会计业务工作的管理。

2.会计数字化、智能化的发展，进一步促进了会计职能的转变

目前，无论是教科书，还是会计人员，几乎都认为会计职能是核算与监督，依据是《中华人民共和国会计法》（简称《会计法》）第五条的规定：“会计机构、会计人员依照本法规定进行会计核算，实行会计监督。”他们就误认为会计的基本职能只有核算与监督。《会计法》只是说“依照本法规定进行会计核算，实行会计监督”，而没有说“会计职能是进行会计核算，实行会计监督”。也就是说，《会计法》只规范了如何进行会计核算与监督，没有规范核算与监督以外的会计工作。这种观点一是没有看到《会计法》主要是对会计核算的规范，误认为《会计法》是对全部会计工作的规范；二是受传统会计观念的影响，以为会计就是记账、算账、报账，而忽略了会计的用账作用。这显然是过时的观点，已不符合现代会计的实际情况。

“十三五”时期会计职能转型实现突破，着眼于服务各类单位提高内部管理水平和风险防范能力，管理会计指引体系基本建成并得到广泛应用，内部控制建设防风险、防舞弊的作用日益显现，电子会计凭证应用全面推开，统一的会计数据标准

更加健全，会计职能实现从传统的算账、记账、核账、报账向价值管理、资本运营、战略决策辅助等职能持续转型升级。

《中共中央关于制定国民经济和社会发展第十四个五年规划和二〇三五年远景目标的建议》中提到："加快数字化发展。发展数字经济，推进数字产业化和产业数字化，推动数字经济和实体经济深度融合，打造具有国际竞争力的数字产业集群。加强数字社会、数字政府建设，提升公共服务、社会治理等数字化智能化水平。"党的二十大报告指出："实施产业基础再造工程和重大技术装备攻关工程，支持专精特新企业发展，推动制造业高端化、智能化、绿色化发展。"数字经济发展，企业数字化转型，将对会计工作提出新的要求。

《会计改革与发展"十四五"规划纲要》指出，"十四五"时期，会计职能实现拓展升级。以数字化技术为支撑，以推动会计审计工作数字化转型为抓手，健全完善各种数据标准和安全使用规范，形成对内提升单位管理水平和风险管控能力、对外服务财政管理和宏观经济治理的会计职能拓展新格局。

可见，会计具备管理职能已经是不争的事实。尤其是会计数字化、智能化的发展，进一步促进了会计职能的转变。

首先，会计数字化、智能化彻底改变了会计工作的工具和手段。如随着财务共享业务的蓬勃发展、RPA财务机器人的应用，大量的核算工作实现自动化，会计人员的工作重点从"事后记账、算账、报账"转向"事前预测、决策、规划（也可称为计划或预算），事中控制，事后分析、考评"的一种全新的管理模式。

其次，在会计数字化、智能化环境下，会计人员要承担企业内部管理员的职责。随着外部客户对会计信息需求的增长，会计人员应及时地向外传递会计信息，向债权人、投资者、供应商和客户、政府管理部门等一切会计信息利益相关者披露会计信息，提供职业化的会计和财务咨询服务。

最后，在会计数字化、智能化环境下，会计人员不再仅仅是客观地反映会计信息，而应使会计信息增值和创造更高的效能。会计人员利用会计管理职能参与企业预测、决策、规划、控制、分析、考评，将注意力更多地集中到会计管理工作而不是提供会计和财务数据。换言之，未来的会计师将是企业经理的最佳候选人之一。会计职能正逐渐由以会计核算为主向以会计管理为主转化。

五、会计核算职能、会计管理职能、会计监督职能的关系

1.会计核算职能、会计管理职能、会计监督职能的对象相同

会计核算职能、会计管理职能与会计监督职能的对象都是社会再生产过程中主要以货币表现的经济活动，也就是再生产过程中的资金（本）运动，具体化为资产、负债、所有者权益、收入、费用、利润，简称会计六要素（详见"基础会计学"课程）。

2.会计核算职能、会计管理职能、会计监督职能的侧重点不同

会计核算职能侧重于对会计对象的核算，即对会计对象进行确认、计量、记录

和报告。会计管理职能则侧重于对会计对象的管理，即对会计对象进行预测、决策、规划、控制、分析、考评的一系列管理。会计监督职能侧重于对会计对象的监督，即对经济活动（包括会计核算、会计管理）的合理性、合法性、合规性或风险性进行检查、督促和审计。

3.会计核算职能、会计管理职能、会计监督职能紧密结合，相辅相成

（1）会计核算职能是会计管理职能和会计监督职能的基础。

没有会计核算，会计管理和会计监督就没有客观依据，也就无法进行会计管理和会计监督。只有在对交易或者事项进行正确核算的基础上，才能提供会计管理和会计监督所需要的有用信息。

（2）会计管理职能是会计核算职能和会计监督职能的发展。

没有会计管理，就没有经济活动的正常进行，企业最终获利的目标就无法实现，会计核算和会计监督只能流于形式。

（3）会计监督职能是会计核算职能和会计管理职能的保证。

没有会计监督，就不能保证交易或者事项按规定的要求进行，就不可能提供真实、可靠的会计信息，也就失去了会计核算的作用，会计管理也就无法进行。

因此，会计核算职能、会计管理职能、会计监督职能紧密结合，相辅相成，形成一个完整的会计职能体系。

第三节　会计对象与会计要素

上一节介绍了会计职能——核算、管理和监督。本节介绍会计核算、管理和监督什么——会计对象与会计六要素。

一、会计对象

会计对象就是会计所要核算、管理和监督的内容，即会计的客体。企业会计对象就是社会再生产过程中主要以货币表现的经济活动，也就是企业再生产过程中的资金运动。这里的企业“资金”是指企业一切财产物资的货币表现以及货币本身，简言之就是“钱”。企业“资金运动”是指企业在再生产过程中，从货币资金投入开始，顺次经过供、产、销过程，最后又回到货币资金，以达到资金增值，再进行分配的全过程。简言之，就是从资金投入，再到资金运用，最后进行资金分配的全过程。以产品制造业为例，其生产经营过程顺次经过供应过程→生产过程→销售过程，企业资金伴随着实物运动，从货币资金开始，顺次经过储备资金→生产资金→成品资金，最后又回到货币资金，这就是产品制造业的资金运动。我们把这一资金运动过程称为资金循环。周而复始地不断循环，称为资金周转。会计就是要反映这一过程的资金运动。上述资金运动过程，如图 1-1 所示。

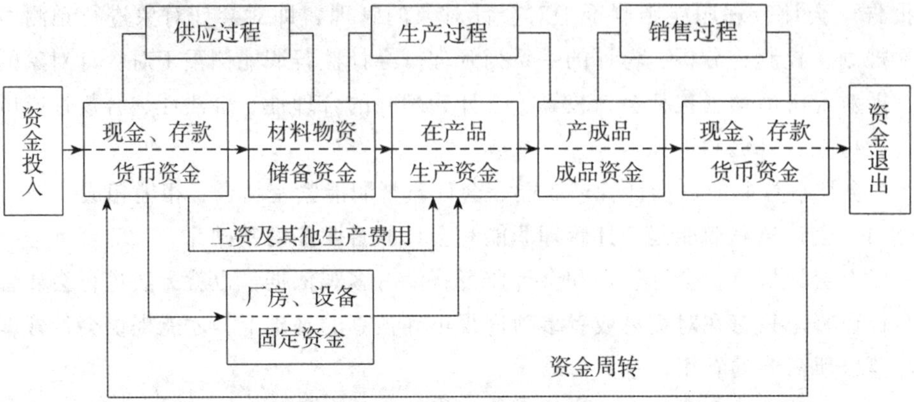

图 1-1 产品制造业资金运动过程

二、会计要素

对于企业而言，钱虽然不是万能的，但没有钱是万万不能的。企业要生存，首先必须要有维持再生产的资金。这些资金从哪来？其来源不外乎两个渠道：一是从债权人借入的资金，如从银行借款，称为“负债”；二是企业的所有者投入的资金及从资金增值中提取的留存收益，称为“所有者权益”。企业取得的这些资金在企业的再生产过程的不同阶段表现为不同的运用项目：现金、银行存款、材料物资、厂房设备、在产品、产成品等。通常，我们将这些运用项目统称为“资产”，也就是企业的一切财产物资以及各种权利。企业销售产品取得的货币资金，是企业运用资金取得的成果，称为“收入”。而企业为取得收入而耗费的资源，称为“费用”。收入大于费用的数额，亦即企业运用资金取得的增值额，称为“利润”。上述资产、负债、所有者权益、收入、费用、利润就是企业会计对象的具体化，称为会计要素。关于资产、负债、所有者权益、收入、费用、利润的准确定义，将在“基础会计学”课程中学习。

三、会计与会计对象、会计职能的关系

会计为会计对象而生，为会计对象而工作。会计就是要和会计对象打交道，通过交易或事项，随时核算会计六要素的增减变动及结存情况，并利用会计六要素的增减变动及结存情况，预测经济前景、参与经济决策、规划经济目标、控制经营过程、分析经济状况、考评经营业绩，监督交易或事项的合理性、合法性、合规性或风险性。也就是说，会计是通过会计对象来履行会计职能的，会计职能是会计通过会计对象来体现的。如果没有了会计对象，会计也就不存在了，也就没有会计职能了。可见，会计对象对会计而言，要比人的对象重要得多。会计与会计职能、会计对象是同生死、共命运的关系。

第四节 会计学科及其分类

随着会计的产生和发展，会计工作内容、会计理论和会计方法也在不断丰富和发展，到了现代会计阶段，已经形成了单独的会计学科，简称会计学。

一、会计学科的概念

所谓会计学科，就是人们在长期会计工作实践中总结出来的专门研究会计工作、会计理论和会计方法的应用性学科。它来自于会计实践，反过来又指导会计实践，属于应用管理学。其中：

会计工作是指利用会计知识和技能，进行会计核算，实施会计管理和会计监督的一项实践活动，既包括会计应该做什么，也包括会计实践过程。

会计理论是指在会计实践中概括出来的关于会计知识的有系统的结论，是概念、原理的体系，是系统化了的理性认识。

会计方法是会计职能的具体化，是进行会计核算、实施会计管理和会计监督所采用的各种技术手段和方式。会计方法包括会计核算方法、会计管理方法和会计监督方法。研究和运用会计方法，是为了更好地实现会计目标。

二、会计学科的分类

1.按所在行业和经营性质不同

按所在行业和经营性质不同，会计学科分为营利组织会计和非营利组织会计。营利组织会计也称为企业会计，即指以经营获利为目的的营利组织的会计，如工业企业会计，商品流通企业会计，交通运输企业会计，施工企业会计，房地产开发企业会计，金融企业会计，保险企业会计，旅游、饮食服务企业会计，通信企业会计，农业企业会计等。

非营利组织会计也称为预算会计，即不是以经营获利为目的的非营利组织的会计，通常指各级政府、行政单位和事业单位的会计，主要核算和管理政府资金，行政、事业单位业务资金的预算执行情况。

2.按研究的内容不同

按研究的内容不同，会计学科分为基础会计学、中级财务会计、高级财务会计、电算化会计学、成本会计学、管理会计学、财务管理学、财务报告分析、审计学、会计管理信息系统、政府与非营利组织会计等。我们称其为会计学科的分支学科。相关内容将在后续课程中介绍。

3.按专业不同

按专业不同，会计学科分为会计学专业、财务管理专业、审计学专业，这就是人们常说的会计学科三大专业。

从会计学按其研究的内容分类，我们看到会计学已形成了众多的分支学科。尽管随着科学技术的进步和管理水平的提高，会计学的内容还在不断丰富和发展，如人力资源会计、物价变动会计、网络会计、战略管理会计、国际管理会计、环境会计、法务会计等。它们都是会计学科的新内容，但它们都在会计核算职能、会计管理职能和会计监督职能范围之内。它们使会计学科的内容更加丰富，使会计学科的理论与方法更加完善和日趋成熟。会计学科的众多分支学科，既相互独立，又相互联系，相辅相成，形成了一个完整的会计学科体系。

复习题

一、单项选择题

1.从15世纪末期至20世纪50年代的会计称为（　　）。

A.近代会计　　B.现代会计　　C.财务会计　　D.管理会计

2.从20世纪50年代至今的会计称为（　　）。

A.近代会计　　B.现代会计　　C.财务会计　　D.管理会计

3.近代会计形成的标志是（　　）。

A.单式记账法的产生　　B.复式记账法的产生

C.剩余产品出现　　D.计算机应用到会计领域

4.会计核算的交易或者事项是（　　）。

A.已经发生的　　B.正在发生的　　C.将要发生的　　D.可能发生的

5.对企业已经发生的交易或者事项，主要以价值量的形式，进行确认、计量、记录和报告的功能是会计的（　　）。

A.核算职能　　B.管理职能　　C.监督职能　　D.预算职能

6.对企业的经济业务的合理性、合法性、合规性或风险性进行检查、督促和审计的功能是会计的（　　）。

A.核算职能　　B.管理职能　　C.监督职能　　D.预算职能

7.对企业的经济业务进行预测、决策、规划、控制、分析、考评，使其达到预期目标的功能是会计的（　　）。

A.核算职能　　B.管理职能　　C.监督职能　　D.预算职能

8.营利组织会计是指（　　）。

A.企业会计　　B.政府会计　　C.行政单位会计　　D.事业单位会计

二、多项选择题

1.下列属于会计发展阶段的有（　　）。

A.古代会计　　B.近代会计　　C.现代会计

D.财务会计　　E.管理会计

2.下列属于相同内容不同叫法的有（　　）。

A.经济活动　　B.经营活动　　C.经济业务

D.会计事项　　E.交易或事项

3.会计核算职能、监督职能、管理职能的共同之处有（　　）。

A.都是以货币计量为主　　B.对象相同　　C.侧重点相同

D.都是事后的　　E.都是事前的

4.下列有关会计核算职能、监督职能、管理职能的正确说法有（　　）。

A.都是会计本身所具有的功能

B.都是以货币计量为主

C.都是社会再生产过程中的资金运动

D.三者相互独立，没有联系

E.都是对经济业务的事前、事中和事后的核算、管理和监督

5.会计要素包括（　　）。

A.资产　　B.负债　　C.所有者权益

D.收入、费用　　E.利润

6.会计学科按所在行业和经营性质不同分为（　　）。

A.营利组织会计　　B.非营利组织会计　　C.会计学专业

D.财务管理专业　　E.审计学专业

7.会计学科按专业不同分为（　　）。

A.财政学专业　　B.工商管理专业　　C.会计学专业

D.财务管理专业　　E.审计学专业

8.会计学科概念的核心内容包括（　　）。

A.会计工作　　B.会计研究　　C.会计理论

D.会计方法　　E.会计管理

9.非营利组织会计包括（　　）。

A.企业会计　　B.政府会计　　C.行政单位会计

D.事业单位会计　　E.银行会计

三、填空题

1.会计发展的三个阶段是（　　）、（　　）、（　　）。

2.会计学科按所在行业和经营性质不同分为（　　）、（　　）。

3.会计学科按专业不同分为（　　）、（　　）、（　　）。

四、判断题

1.会计职能是指会计所具有的功能或能够发挥的作用。（　　）

2.会计对象就是会计所要核算、管理和监督的内容，即会计的客体。（　　）

3.会计核算职能是指对企业已经发生、正在发生、将要发生的交易或者事项，主要以价值量的形式，进行确认、计量、记录和报告的功能。（　　）

4.会计核算主要是对已经发生的交易或者事项，以有关凭证为依据所进行的事

前、事中和事后反映。 (　　)

5. 会计监督仅指事中的监督。 (　　)

6. 会计管理仅指事后的管理。 (　　)

7. 会计学科是人们在长期会计工作实践中总结出来的专门研究会计工作、会计理论和会计方法的应用性学科。 (　　)

五、名词解释

1. 现代会计

2. 会计职能

3. 会计对象

4. 经济活动

5. 经济业务

6. 交易

7. 事项

8. 会计学科

六、简答题

1. 试述会计核算职能、会计管理职能、会计监督职能三者之间的关系。

2. 试述会计与会计职能、会计对象的关系。

3. 会计核算职能具有哪些特征?

4. 会计管理职能具有哪些特征?

5. 会计监督职能具有哪些特征?

第二章

会计学科专业设置

第一章我们已经知道了会计能干什么——会计职能：核算、管理、监督。本章在已知会计职能的基础上，介绍反映会计核算、管理、监督的会计学科专业有哪些。所谓专业就是指人类在社会科学技术进步、生活生产实践中，用来描述职业生涯某一阶段、某一人群，用来谋生，长时期从事的具体业务规范，也指高等学校或中等专业学校根据社会专业分工的需要设立的学业类别。中国高等学校和中等专业学校，根据国家建设需要和学校性质设置各种专业。各专业都有独立的教学计划，以实现专业的培养目标和要求。会计学科专业就是指中国高等学校和中等专业学校，根据国家建设需要和学校性质设置的会计学科的专业。人们达成共识的会计学科的专业有——会计学、财务管理、审计学专业。

党的二十大报告指出："教育是国之大计、党之大计。培养什么人、怎样培养人、为谁培养人是教育的根本问题。育人的根本在于立德。全面贯彻党的教育方针，落实立德树人根本任务，培养德智体美劳全面发展的社会主义建设者和接班人。"本章以教育部高等学校教学指导委员会2018年发布的《普通高等学校本科专业类教学质量国家标准》为依据，以A学院的会计学、财务管理、审计学专业为例，分别介绍这三个专业的"培养目标、培养要求、就业方向和专业教学体系"四个方面内容。必须说明的是，下面介绍的内容，仅仅是A学院会计学、财务管理、审计学专业的培养目标、培养要求、就业方向和专业教学体系，既不是样板，也不是标准。对于同一个专业，不同学校的培养目标、培养要求、就业方向和专业教学体系等不可能完全相同，专业定位、重点、特色等不同，甚至可能出现较大差异。以会计学专业的毕业学分为例，"国标"要求140学分以上，A学院为160学分。实际上，许多院校为130~170学分，有的院校16学时为1学分，有的院校18学时为1学分，如此等等，不一而足。我们仅仅以A学院为参考，目的是使同学们知道自己所选择的专业基本要学习哪些课程与专业技能才能实现培养目标，要达到什么要求，适合到什么单位就业。

第一节 会计学专业

会计学专业属于管理学门类下的工商管理类，是国家控制布点专业，专业代码

120203K。

授予学位：管理学学士。

主干学科：工商管理、经济学。

一、培养目标

本专业培养“德、智、体、美、劳”全面发展，适应社会主义市场经济建设需要；具备人文素养、科学精神和诚信品质；具备管理、经济、法律等方面的知识；系统掌握现代会计的基本理论、基本方法和智能会计技能；具有创新精神和创业意识；良好的实践能力和沟通技巧；能在一切营利性组织和非营利性组织机构从事会计及相关工作的应用型、复合型、高素质会计人才。

二、毕业要求

毕业生在知识、能力、素质方面应达到如下要求：

（一）知识要求

（1）掌握管理学、经济学、法律等学科知识，有较扎实的数学及统计学知识，建立一个良好的、基础扎实的知识背景。

（2）系统掌握现代会计学的基本理论、基本方法，了解本学科的理论前沿和发展动态，熟悉国内外与会计有关的法规制度和国际惯例。

（3）具备良好的创新创业基础，掌握创办、运营企业的一般知识。

（4）具备思想政治理论知识、文学、社会学、心理学、历史学、政治学、伦理学、哲学和艺术审美等方面的人文社会科学知识。掌握外语及计算机等方面的知识技能。

（二）能力要求

（1）熟练掌握定性和定量分析方法；准确陈述和处理会计事项；撰写会计工作报告和财务分析报告；熟练运用会计信息化工具进行会计处理；具有一定的智能会计能力、职业判断能力和信息洞察能力，能对会计信息进行恰当的分析，为决策支持和风险管理提出合理建议。

（2）具有较强的人际交往能力；较强的语言、文字沟通及表达能力、文献检索与资料查询等信息获取能力；较强的自主学习、终身学习和持续创新的能力，能够将知识、技能转化应用于实践。

（3）具备通过理论联系实际进行问题探究、项目设计、团队合作、组织管理、市场运营等创新创业综合能力。

（三）素质要求

（1）树立社会主义核心价值观，具有良好的道德修养和社会责任感、积极向上的人生理想和强烈的爱国主义情怀，注重人文素养，树立法治观念、公民意识和科学态度。

（2）坚持会计职业道德规范，有事业心、责任感及严谨、细致的工作态度，具备遵纪守法、诚实守信、公正廉洁、乐于奉献的精神。

（3）具有健康的体魄与心理素质；积极乐观，意志坚强，具有良好的人际关系和团队精神。

（4）具备批判性思维，对理想有着饱满的热情与踏实肯干的精神，学习与工作高效，敢于承担风险，有责任心。

三、学科主干课程

微观经济学、宏观经济学、管理学、基础会计学、统计学、税法。

四、专业核心课程

中级财务会计、高级财务会计、成本会计、财务管理学、管理会计学、审计学、会计信息系统等。

五、学制及修业年限

标准学制4年，修业年限3～7年。

六、毕业学分与学位授予

毕业学分：160学分。其中：通识教育课程平台47学分，专业教育课程平台67学分，创新创业教育理论课程平台12.5学分，创新创业教育实践课程平台33.5学分。

总学时：2 712学时。其中：理论教学1 760学时，占总学时的64.9%；实践教学952学时，占总学时的35.1%。

授予学位：管理学学士。

七、教学计划

会计学专业各类课程总览见表2-1。

表2-1 会计学专业各类课程总览

序号	课程大类	课程类别	总学分	总学时	理论学时	实践学时
1	通识教育课程平台	公共基础课程	39	712	472	240
2	通识教育课程平台	公共选修课程	8	128	128	0
3	专业教育课程平台	学科专业基础课	23	368	368	0
4	专业教育课程平台	专业核心课程	24	384	384	0
5	专业教育课程平台	专业选修课	20	320	256	64
6	创新创业教育理论课程平台	创新创业类必修课程	7.5	120	104	16
7	创新创业教育理论课程平台	创新创业类选修课程	5	80	48	32
8	创新创业教育实践课程平台	专业实践课程	15	240	0	240
9	创新创业教育实践课程平台	综合实践课程	13.5	344	0	344
10	创新创业教育实践课程平台	创新创业专题实践课程	5	16	0	16
合计			160	2 712	1 760	952

会计学专业各学期课程设置见表2-2。

表2-2 会计学专业各学期课程设置一览表

序号	课程类别	课程名称	学分	总学时	理论教学	实验实训	周学时	实践周数	开课学期	考核方式
1	创新创业类课程必修	大学生职业发展与就业创业指导Ⅰ	0.5	8	8	0	2	0	1	考查
2	创新创业类课程必修	批创思维导论	1	16	16	0	2	0	1	考查
3	公共基础课程	大学日语Ⅰ	3	48	32	16	3	0	1	考试
4	公共基础课程	大学生心理健康教育Ⅰ	1	16	16	0	2	0	1	考查
5	公共基础课程	计算机基础	3	48	24	24	3	0	1	考试
6	公共基础课程	马克思主义中国化进程与青年使命担当	1	20	16	4	2	0	1	考查
7	公共基础课程	体育与健康教育Ⅰ	1	36	4	32	3	0	1	考查
8	公共基础课程	形势与政策教育系列讲座Ⅰ	0.5	8	6	2	2	0	1	考查
9	公共基础课程	中国近现代史纲要	3	48	40	8	3	0	1	考试
10	学科专业基础课	高等数学Ⅲ	3.5	56	56	0	4	0	1	考试
11	学科专业基础课	会计学专业导论	0.5	8	8	0	2	0	1	考查
12	学科专业基础课	基础会计学	4	64	64	0	4	0	1	考试
13	综合实践课程	爱国卫生与劳动教育Ⅰ	0.5	8	0	8	2	1	1	考查
14	综合实践课程	入学教育与军事训练	2	0	0	0	2	2	1	考查
15	公共基础课程	大学日语Ⅱ	3.5	56	32	24	4	0	2	考试
16	公共基础课程	大学生心理健康教育Ⅱ	0.5	8	8	0	2	0	2	考查
17	公共基础课程	军事理论	2	36	36	0	2	0	2	考查
18	公共基础课程	思想道德与法治	3	48	40	8	3	0	2	考试
19	公共基础课程	体育与健康教育Ⅱ	1	36	4	32	3	0	2	考查
20	学科专业基础课	概率论	2	32	32	0	2	0	2	考试
21	学科专业基础课	微观经济学	3	48	48	0	3	0	2	考查
22	专业核心课程	中级财务会计（上）	4	64	64	0	4	0	2	考试
23	专业实践课程	基础会计实训	2	32	0	32	2	2	2	考查

续表

序号	课程类别	课程名称	学分	总学时	理论教学	实验实训	周学时	实践周数	开课学期	考核方式
24	综合实践课程	爱国卫生与劳动教育Ⅱ	0.5	8	0	8	1	1	2	考查
25	综合实践课程	专业认知实习	0.5	16	0	16	16	1	2	考查
26	创新创业类必修课程	经济法基础	2.5	40	40	0	3	0	3	考查
27	公共基础课程	大学日语Ⅲ	2	32	32	0	2	0	3	考试
28	公共基础课程	大学生心理健康教育Ⅲ	0.5	8	8	0	2	0	3	考查
29	公共基础课程	马克思主义基本原理	3	48	40	8	3	0	3	考试
30	公共基础课程	体育俱乐部Ⅰ	1	36	4	32	3	0	3	考查
31	学科专业基础课	宏观经济学	2	32	32	0	2	0	3	考查
32	学科专业基础课	统计学	3	48	48	0	3	0	3	考查
33	专业核心课程	中级财务会计（下）	3	48	48	0	3	0	3	考试
34	专业实践课程	财务会计实训	2	32	0	32	2	2	3	考查
35	专业实践课程	会计信息化	2	32	0	32	2	2	3	考查
36	综合实践课程	爱国卫生与劳动教育Ⅲ	0.5	8	0	8	1	1	3	考查
37	创新创业类选修课程	初级会计实务综合训练	1	16	0	16	2	0	4	考查
38	创新创业类选修课程	经济法基础综合训练	1	16	0	16	2	0	4	考查
39	公共基础课程	大学日语Ⅳ	1.5	24	24	0	2	0	4	考试
40	公共基础课程	毛泽东思想和中国特色社会主义理论体系概论	5	80	72	8	5	0	4	考试
41	公共基础课程	体育俱乐部Ⅱ	1	36	4	32	3	0	4	考查
42	公共基础课程	形势与政策教育系列讲座Ⅱ	0.5	8	6	2	2	0	4	考查
43	专业核心课程	财务管理学	4	64	64	0	4	0	4	考试
44	专业核心课程	成本会计学	3	48	48	0	3	0	4	考试
45	专业核心课程	高级财务会计	3	48	48	0	3	0	4	考试
46	专业实践课程	ERP供应链管理	2	32	0	32	2	2	4	考查
47	综合实践课程	爱国卫生与劳动教育Ⅳ	0.5	8	0	8	1	1	4	考查

续表

序号	课程类别	课程名称	学分	总学时	理论教学	实验实训	周学时	实践周数	开课学期	考核方式
48	学科专业基础课	管理学	2	32	32	0	2	0	5	考查
49	学科专业基础课	税法	3	48	48	0	3	0	5	考试
50	专业核心课程	管理会计学	4	64	64	0	4	0	5	考试
51	专业实践课程	财务管理实训	2	32	0	32	2	2	5	考查
52	专业实践课程	成本会计实训	2	32	0	32	2	2	5	考查
53	专业选修课	RPA财务机器人应用	2	32	16	16	2	0	5	考查
54	专业选修课	内部控制	2	32	32	0	2	0	5	考查
55	专业选修课	政府与非营利组织会计	2	32	32	0	2	0	5	考查
56	创新创业类必修课程	创新思维训练	1	16	0	16	2	0	6	考查
57	创新创业类必修课程	大学生职业发展与就业创业指导Ⅱ	0.5	8	8	0	2	0	6	考查
58	创新创业类选修课程	纳税筹划	2	32	32	0	2	0	6	考查
59	公共基础课程	形势与政策教育系列讲座Ⅲ	0.5	8	6	2	2	0	6	考查
60	专业实践课程	管理会计实训	2	32	0	32	2	2	6	考查
61	专业实践课程	企业纳税申报实训	1	16	0	16	1	1	6	考查
62	专业选修课	财务报告分析	2	32	32	0	2	0	6	考试
63	专业选修课	财务共享服务实验	2	32	16	16	2	0	6	考查
64	专业选修课	公司战略与风险管理	2	32	32	0	2	0	6	考查
65	专业选修课	金融企业会计	2	32	32	0	2	0	6	考查
66	专业选修课	数据分析基础	2	32	16	16	2	0	6	考查
67	创新创业类必修课程	商业伦理与会计职业道德	2	32	32	0	2	0	7	考查
68	创新创业类选修课程	创业管理	1	16	16	0	2	0	7	考查
69	创新创业专题实践课程	ERP沙盘模拟经营实训	0.5	16	0	16	1	1	7	考查
70	公共基础课程	财经应用文写作	1	16	12	4	2	0	7	考查
71	公共基础课程	形势与政策教育系列讲座Ⅳ	0.5	8	6	2	2	0	7	考查

续表

序号	课程类别	课程名称	学分	总学时	理论教学	实验实训	周学时	实践周数	开课学期	考核方式
72	专业核心课程	审计学	3	48	48	0	3	0	7	考试
73	专业选修课	财务大数据分析	2	32	16	16	2	0	7	考查
74	专业选修课	会计英语	2	32	32	0	2	0	7	考查
75	综合实践课程	会计综合仿真实验	1	40	0	40	20	2	7	考查
76	创新创业专题实践课程	创新创业讲座	0.5	0	0	0	0	0	1~5	考查
77	创新创业专题实践课程	创新创业实践	2	0	0	0	0	0	1~8	考查
78	创新创业专题实践课程	第二课堂实践	2	0	0	0	0	0	1~8	考查
79	公共选修课程	创新创业类	2	32	32	0	2	0	1~8	考查
80	公共选修课程	思想政治类	2	32	32	0	2	0	1~8	考查
81	公共选修课程	艺术审美类	2	32	32	0	2	0	1~8	考查
82	公共选修课程	自然科学类	2	32	32	0	2	0	1~8	考查
83	综合实践课程	毕业论文	4	128	0	128	8	10	8	考查
84	综合实践课程	毕业实习	4	128	0	128	8	10	8	考查

第二节 财务管理专业

财务管理专业是我国改革开放的产物。最早只有会计学专业，到20世纪80年代，相继产生了财务管理专业、审计学专业。目前，我国已经有700多所高等学校开设了财务管理专业。

财务管理专业属于管理学门类下的工商管理类，专业代码120204。

授予学位：管理学学士。

主干学科：工商管理、经济学。

一、培养目标

本专业培养“德、智、体、美、劳”全面发展，适应社会主义市场经济建设需要，具备人文素养、科学精神和诚信品质，掌握财务、管理、经济、法律和财务数字化知识，具有创新精神、创业意识、实践能力和沟通技巧；能在一切营利性组织和非营利性组织机构从事财务及相关工作的应用型、复合型、高素质财务人才。

二、毕业要求

毕业生在知识、能力和素质方面应达到如下要求：

（一）知识要求

（1）掌握管理学、经济学等学科知识。

（2）掌握财务管理基本理论、基本方法和基本技能；熟悉国内外有关财务管理的政策和法规；了解本学科理论前沿和发展动态。

（3）具备敢于创新的精神、良好的创业基础和职业道德品质，具备创办、运营企业和财税管理的一般知识。

（4）具备文学、社会学、心理学、历史学、政治学、伦理学、哲学和艺术等方面的人文社会科学知识，学习并掌握思政政治理论知识，掌握并运用高等数学、统计学、外语和财务大数据分析的知识技能。

（二）能力要求

（1）能熟练掌握定性和定量分析方法，具有良好的职业判断能力，具备运用财务管理知识解决实际问题的能力。

（2）具有良好的人际关系和团队精神，较强的语言与文字沟通能力，具备通过文献检索和资料查询等获取知识的能力。

（3）具备创新创业知识，拥有创新创业能力，具备通过理论联系实际进行问题探究、项目设计、团队合作、组织管理、市场运营等创新创业综合能力。

（三）素质要求

（1）具有爱国敬业精神和社会责任感，积极向上的人生理想，注重人文素养，树立法治观念、公民意识和科学态度。

（2）具有良好的职业道德品质，爱岗敬业，诚实守信。

（3）具有健康的体魄和心理素质，正确认识自然规律和社会发展规律，正确处理人与自然和谐发展关系及社会人际关系。

（4）具备批判性思维，对理想有着饱满的热情与踏实肯干的精神，学习与工作高效，具有一定的组织、协调能力，领导素养，敢于承担风险，有责任心。

三、学科主干课程

微观经济学、宏观经济学、管理学、统计学、基础会计学、税法等。

四、专业核心课程

中级财务会计、成本会计学、财务管理、高级财务管理、财务报告分析、管理会计学、金融市场、投资学。

五、学制及修业年限

标准学制4年，修业年限3～7年。

六、毕业学分与学位授予

毕业学分：160学分。其中：通识教育课程平台47学分，专业教育课程平台67学分，创新创业教育理论课程平台12.5学分，创新创业教育实践课程平台33.5学分。

总学时：2 712学时。其中：理论教学1 760学时，占总学时的64.9%；实践教学：952学时，占总学时的35.1%。

授予学位：管理学学士。

七、教学计划

财务管理专业各类课程总览见表2-3。

表2-3 财务管理专业各类课程总览

序号	课程大类	课程类别	总学分	总学时	理论学时	实践学时
1	通识教育课程平台	公共基础课程	39	712	472	240
2	通识教育课程平台	公共选修课程	8	128	128	0
3	专业教育课程平台	学科专业基础课	23	368	368	0
4	专业教育课程平台	专业核心课程	27	432	432	0
5	专业教育课程平台	专业选修课	17	272	208	64
6	创新创业教育理论课程平台	创新创业类必修课程	7.5	120	104	16
7	创新创业教育理论课程平台	创新创业类选修课程	5	80	48	32
8	创新创业教育实践课程平台	专业实践课程	15	240	0	240
9	创新创业教育实践课程平台	综合实践课程	13.5	344	0	344
10	创新创业教育实践课程平台	创新创业专题实践课程	5	16	0	16
合计			160	2 712	1 760	952

财务管理专业各学期课程设置见表2-4。

表2-4 财务管理专业各学期课程设置

序号	课程类别	课程名称	学分	总学时	理论教学	实验实训	周学时	实践周数	开课学期	考核方式
1	创新创业类必修课程	大学生职业发展与就业创业指导Ⅰ	0.5	8	8	0	2	0	1	考查
2	创新创业类必修课程	批创思维导论	1	16	16	0	2	0	1	考查
3	公共基础课程	大学日语Ⅰ	3	48	32	16	3	0	1	考试
4	公共基础课程	大学生心理健康教育Ⅰ	1	16	16	0	2	0	1	考查
5	公共基础课程	计算机基础	3	48	24	24	3	0	1	考试

续表

序号	课程类别	课程名称	学分	总学时	理论教学	实验实训	周学时	实践周数	开课学期	考核方式
6	公共基础课程	马克思主义中国化进程与青年使命担当	1	20	16	4	2	0	1	考查
7	公共基础课程	体育与健康教育Ⅰ	1	36	4	32	3	0	1	考查
8	公共基础课程	形势与政策教育系列讲座Ⅰ	0.5	8	6	2	2	0	1	考查
9	公共基础课程	中国近现代史纲要	3	48	40	8	3	0	1	考试
10	学科专业基础课	财务管理专业导论	0.5	8	8	0	2	0	1	考查
11	学科专业基础课	高等数学Ⅲ	3.5	56	56	0	4	0	1	考试
12	学科专业基础课	基础会计学	4	64	64	0	4	0	1	考试
13	综合实践课程	爱国卫生与劳动教育Ⅰ	0.5	8	0	8	2	1	1	考查
14	综合实践课程	入学教育与军事训练	2	0	0	0	0	2	1	考查
15	公共基础课程	大学日语Ⅱ	3.5	56	32	24	4	0	2	考试
16	公共基础课程	大学生心理健康教育Ⅱ	0.5	8	8	0	2	0	2	考查
17	公共基础课程	军事理论	2	36	36	0	2	0	2	考查
18	公共基础课程	思想道德与法治	3	48	40	8	3	0	2	考试
19	公共基础课程	体育与健康教育Ⅱ	1	36	4	32	3	0	2	考查
20	学科专业基础课	概率论	2	32	32	0	2	0	2	考试
21	学科专业基础课	微观经济学	3	48	48	0	3	0	2	考查
22	专业核心课程	中级财务会计（上）	4	64	64	0	4	0	2	考试
23	专业实践课程	基础会计实训	2	32	0	32	2	2	2	考查
24	综合实践课程	爱国卫生与劳动教育Ⅱ	0.5	8	0	8	1	1	2	考查
25	综合实践课程	专业认知实习	0.5	16	0	16	16	1	2	考查
26	创新创业类必修课程	经济法基础	2.5	40	40	0	3	0	3	考查
27	公共基础课程	大学日语Ⅲ	2	32	32	0	2	0	3	考试
28	公共基础课程	大学生心理健康教育Ⅲ	0.5	8	8	0	2	0	3	考查

续表

序号	课程类别	课程名称	学分	总学时	理论教学	实验实训	周学时	实践周数	开课学期	考核方式
29	公共基础课程	马克思主义基本原理	3	48	40	8	3	0	3	考试
30	公共基础课程	体育俱乐部Ⅰ	1	36	4	32	3	0	3	考查
31	学科专业基础课	宏观经济学	2	32	32	0	2	0	3	考查
32	学科专业基础课	统计学	3	48	48	0	3	0	3	考查
33	专业核心课程	中级财务会计（下）	3	48	48	0	3	0	3	考试
34	专业实践课程	财务会计实训	2	32	0	32	2	2	3	考查
35	专业实践课程	会计信息化	2	32	0	32	2	2	3	考查
36	综合实践课程	爱国卫生与劳动教育Ⅲ	0.5	8	0	8	1	1	3	考查
37	创新创业类选修课程	初级会计实务综合训练	1	16	0	16	1	0	4	考查
38	创新创业类选修课程	经济法基础综合训练	1	16	0	16	2	0	4	考查
39	公共基础课程	大学日语Ⅳ	1.5	24	24	0	2	0	4	考试
40	公共基础课程	毛泽东思想和中国特色社会主义理论体系概论	5	80	72	8	5	0	4	考试
41	公共基础课程	体育俱乐部Ⅱ	1	36	4	32	3	0	4	考查
42	公共基础课程	形势与政策教育系列讲座Ⅱ	0.5	8	6	2	2	0	4	考查
43	专业核心课程	财务管理学	4	64	64	0	4	0	4	考试
44	专业核心课程	成本会计学	3	48	48	0	3	0	4	考试
45	专业实践课程	ERP供应链管理	2	32	0	32	2	2	4	考查
46	综合实践课程	爱国卫生与劳动教育Ⅳ	0.5	8	0	8	1	1	4	考查
47	学科专业基础课	管理学	2	32	32	0	2	0	5	考查
48	学科专业基础课	税法	3	48	48	0	3	0	5	考试
49	专业核心课程	高级财务管理	2	32	32	0	2	0	5	考试
50	专业核心课程	管理会计学	4	64	64	0	4	0	5	考试
51	专业核心课程	金融市场	2.5	40	40	0	3	0	5	考试

续表

序号	课程类别	课程名称	学分	总学时	理论教学	实验实训	周学时	实践周数	开课学期	考核方式
52	专业实践课程	财务管理实训	2	32	0	32	2	2	5	考查
53	专业实践课程	成本会计实训	2	32	0	32	2	2	5	考查
54	专业选修课	RPA财务机器人应用	2	32	16	16	2	0	5	考查
55	专业选修课	内部控制	2	32	32	0	2	0	5	考查
56	创新创业类必修课程	创新思维训练	1	16	0	16	2	0	6	考查
57	创新创业类必修课程	大学生职业发展与就业创业指导Ⅱ	0.5	8	8	0	2	0	6	考查
58	创新创业类必修课程	纳税筹划	2	32	32	0	2	0	6	考查
59	公共基础课程	形势与政策教育系列讲座Ⅲ	0.5	8	6	2	2	0	6	考查
60	专业核心课程	财务报告分析	2	32	32	0	2	0	6	考试
61	专业核心课程	投资学	2.5	40	40	0	3	0	6	考试
62	专业实践课程	管理会计实训	2	32	0	32	2	2	6	考查
63	专业实践课程	企业纳税申报实训	1	16	0	16	1	1	6	考查
64	专业选修课	财务共享服务实验	2	32	16	16	2	0	6	考查
65	专业选修课	公司战略与风险管理	2	32	32	0	2	0	6	考查
66	专业选修课	数据分析基础	2	32	16	16	2	0	6	考查
67	创新创业类必修课程	商业伦理与会计职业道德	2	32	32	0	2	0	7	考查
68	创新创业类必修课程	创业管理	1	16	16	0	2	0	7	考查
69	创新创业专题实践课程	ERP沙盘模拟经营实训	0.5	16	0	16	1	1	7	考查
70	公共基础课程	财经应用文写作	1	16	12	4	2	0	7	考查
71	公共基础课程	形势与政策教育系列讲座Ⅳ	0.5	8	6	2	2	0	7	考查
72	专业选修课	财务大数据分析	2	32	16	16	2	0	7	考查
73	专业选修课	会计英语	2	32	32	0	2	0	7	考查
74	专业选修课	审计学	3	48	48	0	3	0	7	考试

续表

序号	课程类别	课程名称	学分	总学时	理论教学	实验实训	周学时	实践周数	开课学期	考核方式
75	综合实践课程	会计综合仿真实验	1	40	0	40	20	2	7	考查
76	创新创业专题实践课程	创新创业讲座	0.5	0	0	0	0	0	1~5	考查
77	创新创业专题实践课程	创新创业实践	2	0	0	0	0	0	1~8	考查
78	创新创业专题实践课程	第二课堂实践	2	0	0	0	0	0	1~8	考查
79	公共选修课程	创新创业类	2	32	32	0	2	0	1~8	考查
80	公共选修课程	思想政治类	2	32	32	0	2	0	1~8	考查
81	公共选修课程	艺术审美类	2	32	32	0	2	0	1~8	考查
82	公共选修课程	自然科学类	2	32	32	0	2	0	1~8	考查
83	综合实践课程	毕业论文	4	128	0	128	8	10	8	考查
84	综合实践课程	毕业实习	4	128	0	128	8	10	8	考查

第三节　审计学专业

审计学专业是我国改革开放的产物，最早的会计学科只有会计学专业，到20世纪80年代，相继产生了审计学专业、财务管理专业。

审计学专业属于管理学门类下的工商管理类，专业代码120207。

授予学位：管理学学士。

主干学科：工商管理、法学。

一、培养目标

本专业培养“德、智、体、美、劳”全面发展，适应社会主义市场经济建设需要，具备人文素养、科学精神和诚信品质，掌握审计、管理、经济、法律和大数据审计知识，具有创新精神、创业意识、实践能力和沟通技巧；能在一切营利性组织和非营利性组织机构从事审计及相关工作的应用型、复合型、高素质审计人才。

二、毕业要求

毕业生在知识、能力、素质方面应达到如下要求：

（一）知识要求

（1）掌握管理学、经济学等学科知识。

（2）掌握审计基本理论、基本方法和基本技能；熟悉国内外与审计相关的政策与法规；了解本学科的理论前沿和发展动态。

(3) 具备敢于创新的精神，良好的创业基础和职业道德品质，具备创办、运营企业和财税管理的一般知识。

(4) 具备文学、社会学、心理学、历史学、政治学、伦理学、哲学和艺术等方面的人文社会科学知识，学习思政政治理论知识，掌握并运用高等数学、统计学、外语和计算机等方面的知识技能。

(二) 能力要求

(1) 能熟练掌握定性和定量分析方法，准确陈述和处理审计事项，撰写审计工作报告，具有良好的职业判断和大数据审计能力。

(2) 具有良好的人际关系和团队精神，较强的语言与文字沟通能力，具备文献检索和资料查询等获取知识的能力。

(3) 创新创业能力。具备创新创业知识，掌握创新创业能力，具备通过理论联系实际进行问题探究、项目设计、团队合作、组织管理、市场运营等创新创业综合能力。

(三) 素质要求

(1) 具有爱国敬业精神和社会责任感，良好的职业道德品质、积极向上的人生理想，注重人文素养，树立法治观念、公民意识和科学态度。

(2) 具备审计专业知识和技能，能够分析和解决实际审计问题，坚持会计准则与审计准则，爱岗敬业，诚实守信。

(3) 具有健康的体魄和心理素质，正确认识自然规律和社会发展规律，正确处理人与自然和谐发展关系及社会人际关系。

(4) 具备批判性思维，对理想有着饱满的热情与踏实肯干的精神，学习与工作高效，具有一定的组织、协调能力，领导素养，敢于承担风险，有责任心。

三、学科主干课程

微观经济学、宏观经济学、管理学、基础会计学、统计学、审计学原理。

四、专业核心课程

中级财务会计、高级财务会计、政府审计、社会审计、内部审计、经济法基础、税法等。

五、学制及修业年限

标准学制4年，修业年限3～7年。

六、毕业学分与学位授予

毕业学分：162学分。其中：通识教育课程平台47学分，专业教育课程平台74学分，创新创业教育理论课程平台10.5学分，创新创业教育实践课程平台30.5学分。

总学时：2 744学时。其中：理论教学1 840学时，占总学时的67.1%；实践教学904学时，占总学时的32.9%。

授予学位：管理学学士。

七、教学计划

审计学专业各类课程总览见表2-5。

表2-5 审计学专业各类课程总览

序号	课程大类	课程类别	总学分	总学时	理论学时	实践学时
1	通识教育课程平台	公共基础课程	39	712	472	240
2	通识教育课程平台	公共选修课程	8	128	128	0
3	专业教育课程平台	学科专业基础课	23	368	368	0
4	专业教育课程平台	专业核心课程	26	416	416	0
5	专业教育课程平台	专业选修课	25	400	336	64
6	创新创业教育理论课程平台	创新创业类必修课程	7.5	120	104	16
7	创新创业教育理论课程平台	创新创业类选修课程	3	48	16	32
8	创新创业教育实践课程平台	专业实践课程	12	192	0	192
9	创新创业教育实践课程平台	综合实践课程	13.5	344	0	344
10	创新创业教育实践课程平台	创新创业专题实践课程	5	16	0	16
合计			162	2 744	1 840	904

审计学专业各学期课程设置见表2-6。

表2-6 审计学专业各学期课程设置

序号	课程类别	课程名称	学分	总学时	理论教学	实验实训	周学时	实践周数	开课学期	考核方式
1	创新创业类必修课程	大学生职业发展与就业创业指导Ⅰ	0.5	8	8	0	2	0	1	考查
2	创新创业类必修课程	批创思维导论	1	16	16	0	2	0	1	考查
3	公共基础课程	大学日语Ⅰ	3	48	32	16	3	0	1	考试
4	公共基础课程	大学生心理健康教育Ⅰ	1	16	16	0	1	0	1	考查
5	公共基础课程	计算机基础	3	48	24	24	3	0	1	考试
6	公共基础课程	马克思主义中国化进程与青年使命担当	1	20	16	4	2	0	1	考查

续表

序号	课程类别	课程名称	学分	总学时	理论教学	实验实训	周学时	实践周数	开课学期	考核方式
7	公共基础课程	体育与健康教育Ⅰ	1	36	4	32	2.5	0	1	考查
8	公共基础课程	形势与政策教育系列讲座Ⅰ	0.5	8	6	2	2	0	1	考查
9	公共基础课程	中国近现代史纲要	3	48	40	8	3	0	1	考试
10	学科专业基础课	高等数学Ⅲ	3.5	56	56	0	4	0	1	考试
11	学科专业基础课	基础会计学	4	64	64	0	4	0	1	考试
12	学科专业基础课	审计学专业导论	0.5	8	8	0	2	0	1	考查
13	综合实践课程	爱国卫生与劳动教育Ⅰ	0.5	8	0	8	2	1	1	考查
14	综合实践课程	入学教育与军事训练	2	0	0	0	2	2	1	考查
15	公共基础课程	大学日语Ⅱ	3.5	56	32	24	4	0	2	考试
16	公共基础课程	大学生心理健康教育Ⅱ	0.5	8	8	0	2	0	2	考查
17	公共基础课程	军事理论	2	36	36	0	2	0	2	考查
18	公共基础课程	思想道德与法治	3	48	40	8	3	0	2	考试
19	公共基础课程	体育与健康教育Ⅱ	1	36	4	32	3	0	2	考查
20	学科专业基础课	概率论	2	32	32	0	2	0	2	考试
21	学科专业基础课	微观经济学	3	48	48	0	3	0	2	考查
22	专业核心课程	中级财务会计（上）	4	64	64	0	4	0	2	考试
23	专业实践课程	基础会计实训	2	32	0	32	2	2	2	考查
24	综合实践课程	爱国卫生与劳动教育Ⅱ	0.5	8	0	8	1	1	2	考查
25	综合实践课程	专业认知实习	0.5	16	0	16	16	1	2	考查
26	创新创业类必修课程	经济法基础	2.5	40	40	0	3	0	3	考查
27	公共基础课程	大学日语Ⅲ	2	32	32	0	2	0	3	考试
28	公共基础课程	大学生心理健康教育Ⅲ	0.5	8	8	0	2	0	3	考查
29	公共基础课程	马克思主义基本原理	3	48	40	8	3	0	3	考试
30	公共基础课程	体育俱乐部Ⅰ	1	36	4	32	3	0	3	考查
31	学科专业基础课	宏观经济学	2	32	32	0	2	0	3	考查
32	学科专业基础课	统计学	3	48	48	0	3	0	3	考查

续表

序号	课程类别	课程名称	学分	总学时	理论教学	实验实训	周学时	实践周数	开课学期	考核方式
33	专业核心课程	中级财务会计（下）	3	48	48	0	3	0	3	考试
34	专业实践课程	财务会计实训	2	32	0	32	2	2	3	考查
35	专业实践课程	会计信息化	2	32	0	32	2	2	3	考查
36	综合实践课程	爱国卫生与劳动教育Ⅲ	0.5	8	0	8	1	1	3	考查
37	创新创业类选修课程	初级会计实务综合训练	1	16	0	16	2	0	4	考查
38	创新创业类选修课程	经济法基础综合训练	1	16	0	16	2	0	4	考查
39	公共基础课程	大学日语Ⅳ	1.5	24	24	0	2	0	4	考试
40	公共基础课程	毛泽东思想和中国特色社会主义理论体系概论	5	80	72	8	5	0	4	考试
41	公共基础课程	体育俱乐部Ⅱ	1	36	4	32	2.5	0	4	考查
42	公共基础课程	形势与政策教育系列讲座Ⅱ	0.5	8	6	2	2	0	4	考查
43	学科专业基础课	审计学原理	3	48	48	0	3	0	4	考试
44	专业核心课程	成本会计学	3	48	48	0	3	0	4	考试
45	专业核心课程	高级财务会计	3	48	48	0	3	0	4	考试
46	专业实践课程	ERP供应链管理	2	32	0	32	2	2	4	考查
47	综合实践课程	爱国卫生与劳动教育Ⅳ	0.5	8	0	8	1	1	4	考查
48	学科专业基础课	管理学	2	32	32	0	2	0	5	考查
49	专业核心课程	社会审计（上）	3	48	48	0	3	0	5	考试
50	专业核心课程	税法	3	48	48	0	3	0	5	考试
51	专业选修课	RPA财务机器人应用	2	32	16	16	2	0	5	考查
52	专业选修课	财务管理学	4	64	64	0	4	0	5	考试
53	专业选修课	内部控制	2	32	32	0	2	0	5	考查
54	专业选修课	政府与非营利组织会计	2	32	32	0	2	0	5	考查
55	创新创业类选修课程	创新思维训练	1	16	0	16	2	0	6	考查

续表

序号	课程类别	课程名称	学分	总学时	理论教学	实验实训	周学时	实践周数	开课学期	考核方式
56	创新创业类选修课程	大学生职业发展与就业创业指导Ⅱ	0.5	8	8	0	2	0	6	考查
57	公共基础课程	形势与政策教育系列讲座Ⅲ	0.5	8	6	2	2	0	6	考查
58	专业核心课程	内部审计	2	32	32	0	2	0	6	考试
59	专业核心课程	社会审计（下）	3	48	48	0	3	0	6	考试
60	专业实践课程	审计实训	2	32	0	32	2	2	6	考查
61	专业选修课	财务报告分析	2	32	32	0	2	0	6	考试
62	专业选修课	财务共享服务实验	2	32	16	16	2	0	6	考查
63	专业选修课	公司战略与风险管理	2	32	32	0	2	0	6	考查
64	专业选修课	管理会计学	3	48	48	0	3	0	6	考试
65	专业选修课	数据分析基础	2	32	16	16	2	0	6	考查
66	创新创业类选修课程	商业伦理与会计职业道德	2	32	32	0	2	0	7	考查
67	创新创业类选修课程	创业管理	1	16	16	0	2	0	7	考查
68	创新创业专题实践课程	ERP沙盘模拟经营实训	0.5	16	0	16	1	1	7	考查
69	公共基础课程	财经应用文写作	1	16	12	4	2	0	7	考查
70	公共基础课程	形势与政策教育系列讲座Ⅳ	0.5	8	6	2	2	0	7	考查
71	专业核心课程	政府审计	2	32	32	0	2	0	7	考试
72	专业实践课程	IT审计	2	32	0	32	2	2	7	考查
73	专业选修课	大数据审计	2	32	16	16	2	0	7	考查
74	专业选修课	专业英语	2	32	32	0	2	0	7	考查
75	综合实践课程	会计综合仿真实验	1	40	0	40	20	2	7	考查
76	创新创业专题实践课程	创新创业讲座	0.5	0	0	0	0	0	1~5	考查
77	创新创业专题实践课程	创新创业实践	2	0	0	0	0	0	1~8	考查
78	创新创业专题实践课程	第二课堂实践	2	0	0	0	0	0	1~8	考查
79	公共选修课程	创新创业类	2	32	32	0	2	0	1~8	考查

续表

序号	课程类别	课程名称	学分	总学时	理论教学	实验实训	周学时	实践周数	开课学期	考核方式
80	公共选修课程	思想政治类	2	32	32	0	2	0	1~8	考查
81	公共选修课程	艺术审美类	2	32	32	0	2	0	1~8	考查
82	公共选修课程	自然科学类	2	32	32	0	2	0	1~8	考查
83	综合实践课程	毕业论文	4	128	0	128	8	10	8	考查
84	综合实践课程	毕业实习	4	128	0	128	8	10	8	考查

第四节 各专业主要课程介绍

三大专业的核心课程是什么，目前教育部并没有统一规定，各个高等院校的认识也不统一，但大致相同，A学院以《普通高等学校本科专业类教学质量国家标准》为依据，根据三大专业具体情况，确定了每个专业的主要课程（见表2-7）。

表2-7 各专业主要课程

序号	专业	主要课程
1	会计学	基础会计学、中级财务会计、高级财务会计、成本会计学、财务管理学、管理会计学、审计学
2	财务管理	基础会计学、中级财务会计、成本会计学、财务管理学、高级财务管理、管理会计学、财务报告分析、金融市场、投资学
3	审计学	统计学、基础会计学、中级财务会计、高级财务会计、成本会计学、审计学原理、社会审计、内部审计、政府审计、税法、经济法基础

由于三大专业有些主要课程相同，总计只有18门课程，A学院分别对每门核心课按“课程简介、主要内容、教学目标”进行介绍，目的是使该专业学生了解本专业有哪些主要课程，主要介绍什么内容，要达到什么教学目标，做到心中有数。

一、基础会计学

1.课程简介

本课程是会计学、财务管理、审计学专业及其他相关专业所开设的一门专业基础课，也是会计学、财务管理、审计学三大专业的共同核心课。基础会计学又称为“基础会计”“会计学原理”“初级会计学”“会计基础”，是研究各行业企业会计共同适用的基本理论、核算方法及其工作组织的一门应用性极强的会计学科基础课。基础会计学是会计学科知识体系中最基本的内容，是会计学的入门课，也是学好其他会计学分支学科的基础。

2. 主要内容

主要内容包括三大部分：

（1）基本理论：会计职能、会计对象与会计要素、会计核算的基本程序、核算方法与会计循环。

（2）会计核算方法：设置会计科目与账户、复式记账、填制审核会计凭证、登记账簿、编制财务会计报告。

（3）会计工作组织：设置会计机构，配备会计人员，制定、执行会计法规，保管会计档案。

会计核算方法是基础会计学的核心内容。

3. 教学目标

通过对本课程的学习，要使学生比较好地掌握会计学的基本理论、核算方法、会计工作组织与基本技能，为后续课程的学习奠定基础。

二、中级财务会计

1. 课程简介

本课程是会计学、财务管理、审计学三大专业的共同核心课，它是在学习“基础会计学”的基础上，对会计要素进行确认、计量、记录、报告。目的是使学生掌握系统的企业会计核算的基本理论和扎实的会计核算方法、技能，从而具有较强的会计核算能力。

2. 主要内容

（1）财务会计及其特点、会计核算的基本前提、会计要素确认与计量、财务报告要素。

（2）资产的会计记录：货币资金、存货、金融资产、长期股权投资、固定资产、无形资产、投资性房地产、资产减值。

（3）负债的会计记录：流动负债、非流动负债。

（4）所有者权益的会计记录。

（5）收入的会计记录。

（6）费用和利润的会计记录。

（7）财务报告。

对会计六要素的会计记录（即填制审核会计凭证、登记账簿）是中级财务会计的核心内容。

3. 教学目标

通过本课程的学习，使学生掌握会计核算的基础知识和基本技能，包括对六大会计要素的确认、计量、记录、报告的基本方法，同时为后续专业主干课程的学习打下坚实基础，为将来的实际工作奠定理论基础和一定的职业技能基础。

三、高级财务会计

1.课程简介

高级财务会计是会计学、审计学专业的共同核心课，是指运用传统的财务会计理论与方法，以及在新的社会经济条件下发展的财务会计理论与方法，对在新的经济条件下出现的一般财务会计中不予包括或不经常发生的特殊业务、特殊呈报、特殊行业进行的会计处理，向与企业有经济利益关系者提供有用的决策相关的会计信息的经济管理活动。

2.主要内容

（1）企业合并的会计处理。

（2）合并财务报表。

（3）外币业务会计。

（4）租赁会计。

（5）股份支付会计。

3.教学目标

通过本课程的学习，使学生在掌握中级财务会计的基础上，掌握除中级财务会计以外的特殊经济业务的会计处理方法，提高学生对会计实践中产生的特殊业务的适应能力、决策能力，使其成为具备较高专业技能的应用型、复合型、高素质专业人才。

四、成本会计学

1.课程简介

成本会计可分为狭义与广义两个层次：一般来说，狭义成本会计只对生产经营业务成本（产品成本）和经营管理费用（期间费用）进行成本核算和分析；而广义成本会计（又称为现代成本会计）对生产经营业务成本、经营管理费用和专项成本（除产品成本、期间费用以外的成本）进行成本预测、成本决策、成本计划、成本控制、成本核算、成本分析与成本考核，以使企业生产经营活动实现最优运转。以下介绍均指狭义成本会计。

本课程是会计学、财务管理、审计学三大专业的共同核心课，成本会计工作是企业会计最重要的工作之一，主要包括成本核算和成本分析。

2.主要内容

（1）该课程主要介绍工业企业成本核算的一般程序：①明确成本计算对象，确定成本计算方法，设置有关资源、成本、费用总账及明细账。②按成本计算对象和相关账户归集、分配生产费用和期间费用。③将生产费用合计在完工产品和在产品之间进行分配。

（2）成本计算的一般方法：费用要素在各种产品以及期间费用之间的归集与分配，辅助生产成本与制造费用的核算，生产费用在完工产品与在产品之间的分配。

（3）产品成本计算的基本方法：品种法、分批法、分步法。

（4）产品成本计算的辅助方法：分类法、定额法。

（5）成本报表的编制与分析。

成本计算是“成本会计学”课程的核心内容。

3.教学目标

通过本课程的学习，使学生清楚成本核算的程序，掌握成本计算的一般方法、成本计算的基本方法、成本计算的辅助方法。既要学会操作，又要弄清道理，在本课程的学习过程中，要重视做习题这一环节，巩固所学的内容，培养和训练从事成本会计工作的基本技能。

五、财务管理学

1.课程简介

本课程是会计学专业、财务管理专业的共同核心课程，在明确财务管理管什么——财务管理对象及其内容；为什么管——财务管理目标；怎样管——财务管理职能（方法）；谁来管——财务管理机构与财务管理人员；依据什么管——财务管理原则；在什么条件下管——财务管理环境；在什么观念下管——货币时间价值观念、财务风险价值观念的基础上，全面、系统地阐述财务管理的基本概念、基本理论、基本内容和基本方法。

2.主要内容

（1）财务管理总论，主要阐述财务管理的基本理论和基本方法。

（2）筹资管理，主要介绍筹资金额预测、短期负债筹资、长期负债筹资、长期股权筹资、长期衍生工具筹资、资本成本与资本结构。

（3）投资管理，主要介绍对内短期投资管理、对外短期投资管理、对内长期投资管理、对外长期投资管理。

（4）利润分配管理，主要介绍利润分配的概念、原则、程序，股利政策，利润分配风险管理。

（5）税务管理，主要介绍筹资税务管理、投资税务管理、利润分配税务管理。

其核心内容是：缺钱时如何筹钱，有钱时如何用钱，赚钱时如何分钱。

3.教学目标

本门课程以“在提高资源利用效率的基础上，实现企业利润更大化”作为财务管理实践活动的根本目标，在实践中学会如何为企业多赚钱，即以较低的资金成本取得资金、以较高的投资效率使企业赚取更多利润，以恰当的分配政策使得财务关系得到有效协调，使企业的财务管理活动达到良性循环。理论联系实际，增强分析问题和解决问题的能力。

六、管理会计学

1.课程简介

本门课程是会计学专业、财务管理专业的共同核心课程，以“在提高资源利用效率的基础上，实现企业利润更大化”作为管理会计实践活动的根本目标，介绍现代管理会计基本理论、成本性态、本量利分析及变动成本法。预测经济前景、参与经济决策、规划经济目标、控制经营过程、考评经营业绩的基本理论和基本方法。

2.主要内容

全书共分为三大部分。

（1）现代管理会计基础：现代管理会计的基本理论、成本性态、本量利分析及变动成本法。

（2）决策会计，包括预测分析和决策分析两部分。

（3）执行会计，包括全面预算、成本控制和业绩考评三部分。

预测、决策、预算（规划）、控制、考评是管理会计的核心内容。

3.教学目标

本门课程以“在提高资源利用效率的基础上，实现企业利润更大化”作为管理会计实践活动的根本目标，要求学生熟悉管理会计的职能和内容，系统掌握“预测经济前景、参与经济决策、规划经济目标、控制经营过程、考评经营业绩”的基本理论和基本方法。理论联系实际，增强分析问题和解决问题的能力。

七、审计学

1.课程简介

“审计学”是会计学专业的核心课程，本课程是以注册会计师审计为主线，主要针对审计本质、审计目标、审计责任、审计准则、审计证据、审计风险、审计重要性、财务报表审计、审计报告等内容，系统阐述审计的基本概念、基本理论和基本方法。

2.主要内容

（1）总论：审计需求与发展，审计职业规范与责任，审计的种类、方法和程序，我国审计的组织形式，审计准则和审计依据，审计证据。

（2）财务报表审计目标及其实现。

（3）审计计划、风险评估与风险应对。

（4）审计抽样及其运用。

（5）审计业务内容：销售与收款循环审计、采购与付款循环审计、存货与仓储循环审计、筹资与投资循环审计、货币资金审计、企业财务报表审计。

（6）终结审计阶段的各项工作：终结审计工作、审计报告。

销售与收款循环审计、采购与付款循环审计、存货与仓储循环审计、筹资与投资循环审计、货币资金审计、企业财务报表审计是审计学课程的核心内容。

3.教学目标

通过本课程的学习，要求学生了解和全面掌握审计基本概念，了解注册会计师的法律责任，掌握抽样技术、审计目标确定、审计证据获取、审计计划编制及内部控制测试、审计报告编制的技术，能运用所掌握的基本概念和技术进行销售、采购、存货、筹资与投资等业务循环的审计。

八、高级财务管理

1.课程简介

“高级财务管理”是财务管理专业的核心课程，本课程研究除“财务管理学”内容以外的企业财务活动，如果将“财务管理”研究的筹资管理、投资管理、利润分配管理作为企业的一般财务活动（也就是所有企业都有的财务活动），则“高级财务管理”就是研究企业的特殊财务活动（即不是所有企业都有的财务活动或者对一个企业而言不是所有期间都有的财务活动，如通货膨胀财务管理）。

2.主要内容

（1）资本市场与公司财务特征、财务估价模型概览、信息不对称与代理冲突、资本市场融资策略。

（2）公司战略与价值创造、公司并购、衍生工具与风险管理、财务危机与预警。

（3）企业集团财务管理、跨国公司财务管理。

3.教学目标

通过本课程的学习，拓展学生在财务管理方面的视野，掌握公司并购、衍生工具与风险管理、财务危机与预警、企业集团财务管理、跨国公司财务管理等特殊财务活动，能将理论应用于实践，解决特殊财务活动的实际问题，提高运用高级财务管理知识分析与解决问题的能力。

九、财务报告分析

1.课程简介

“财务报告分析”是财务管理专业的核心课程，介绍财务报表分析的基本理论和基本方法，使学生具备利用财务报表的信息进行财务分析、财务评价的基本技能，为从事会计管理工作奠定必要的基础。本课程是在掌握财务会计知识的基础之上，通过阅读财务报告，采用水平分析法、垂直分析法、趋势分析法、比率分析法、因素分析法、综合分析法等方法对企业盈利能力、营运能力、偿债能力、增长能力和综合能力进行分析。

2.主要内容

（1）财务报表分析基础：财务报表体系构成、资产负债表结构与内容、利润表结构与内容、现金流量表结构与内容。

（2）财务报表分析原理：财务报表分析的主题、目标、作用，财务报表分析的程序，财务报表分析方法。

（3）报表分析：资产负债表分析、利润表分析、现金流量表分析。

（4）能力分析：盈利能力分析、营运能力分析、偿债能力分析、增长能力分析和综合能力分析。

报表分析和能力分析是“财务报告分析”课程的核心内容。

3.教学目标

使学生通过静态分析、趋势分析、同业比较、基本面分析等方法对企业做出准确的分析与判断，根据分析的结果对企业的财务状况、经营成果、现金流量、盈利能力、营运能力、偿债能力、增长能力和综合能力做出评价。

十、金融市场

1.课程简介

金融市场是研究市场经济条件下金融市场运行机制及各主体行为规律的科学，主要对当前金融领域已有的发展成果进行全面的介绍。

2.主要教学内容

（1）金融市场概述：金融市场的界定及特征、金融市场的功能与分类、金融市场的构成要素、金融市场的发展趋势。

（2）货币市场：国库券市场、同业拆借市场、回购协议市场、商业票据市场、银行承兑汇票市场、大额可转让定期存单市场、货币市场基金市场。

（3）债券市场：债券市场概述、政府债券市场、公司债券市场。

（4）资产证券化市场：资产证券化概述、抵押贷款支持证券市场、资产支持证券市场。

（5）股票市场：股票概述、股票发行市场、股票流通市场、二板市场。

（6）私人权益市场：私人权益市场概述、风险投资市场、非风险投资市场。

（7）证券投资基金市场：证券投资基金概述、证券投资基金的设立与募集、证券投资基金的运作与投资。

（8）外汇市场：外汇市场概述、外汇市场的构成、外汇市场的交易方式、汇率的决定与变动。

（9）金融衍生品市场：远期利率协议市场、金融期货市场、金融期权市场、金融互换市场。

（10）金融市场理论：效率市场理论、现代资产组合理论、资本资产定价模型与套利定价理论。

（11）金融市场定价机制：利率的决定与结构、债券定价机制、股票定价机制、金融衍生品定价机制。

（12）金融市场监管：金融监管概述、证券市场监管、金融衍生品市场监管。

3.教学目标

通过本课程的学习，使学生掌握金融市场的基本理论、基本知识，熟悉各类金融市场的基本理论以及基本模型。能够运用所学的知识分析和解决现实金融市场中的相关问题，为今后进一步学习、进行理论研究和从事实际工作奠定坚实的基础。

十一、投资学

1.课程简介

本课程以项目投资和证券投资为研究对象，阐述项目投资和证券投资的基本程序，介绍投资项目评价方法、决策准则以及证券投资的基本原理和分析方法，其核心是研究投资评价和决策方法。

2.主要教学内容

（1）投资总论：投资概念、投资学的研究对象和方法、投资体制。

（2）投资分析价值原理：资金时间价值、复利公式、资金时间价值的计算、投资效果比较原理。

（3）项目投资概述：项目投资过程、固定资产投资与流动资产投资。

（4）项目投资机会选择：项目投资机会分析、投资项目市场分析、投资规模的确定。

（5）项目投资估算与资金筹措：投资估算、资金筹措、资金成本。

（6）证券投资概述：证券投资工具、证券市场、证券内在价值。

（7）证券投资基本分析：宏观经济分析、行业分析、公司分析。

（8）证券投资技术分析：技术分析概述、技术分析理论与方法、技术指标分析。

（9）证券投资组合分析：证券组合基本理论、资本资产定价模型与套利定价模型。

3.教学目标

通过本课程的学习，了解投资的基本概念，掌握投资分析的基本原理和方法；了解项目投资与证券投资的过程，掌握其分析框架，具备系统思考和分析问题的能力；掌握项目投资与证券投资决策的分析工具，培养投融资与创业决策的基本素养；综合运用所学的专业知识，提高投资决策理性层次。

十二、统计学

1.课程简介

“统计学”是审计学专业的核心课程，是系统地论述社会经济现象统计资料的搜集、整理、分析的一门学科，它研究如何用科学的方法去搜集、整理、分析国民经济和社会发展的实际数据，并通过统计所特有的统计指标和指标体系，表明所研究的社会经济现象的规模、水平、速度、比例和效益，以反映社会经济现象发展规律在一定时间、地点、条件下的作用，描述社会经济现象之间的数量关系和变动规律。

2.主要内容

（1）统计概论：统计与统计学的产生与发展，统计的研究对象、特点和作用，统计学与其学科的关系，统计学涉及的基本概念，统计指标和指标体系，统计调查，统计整理。

（2）统计指标：总量指标和相对指标、平均指标及标志变异指标。

（3）统计方法：动态分析、指数、抽样推断、相关分析与回归分析。

（4）国民经济核算体系简介。

3.教学目标

通过本门课程的学习，使学生系统地掌握统计的基本原理、方法，及统计活动的主要内容，并能结合实际工作，自主搜集资料、整理资料，结合统计资料进行全面的统计分析，独立完成统计分析报告。

十三、审计学原理

1.课程简介

本课程是审计学专业的核心课程，主要介绍注册会计师的财务报表审计的原理与方法，强调会计知识在审计中的整合运用与分析，尤其要讲授会计知识在审计中的逆向思维与分析，讲授如何在经济结果中审计与追溯经济本源，并判断会计处理的正确与否。

2.主要内容

（1）审计发展与审计功能、审计准则体系、审计职业道德、审计的法律责任。

（2）审计目标、承接业务与计划审计工作。

（3）审计证据与审计工作底稿、抽样技术。

（4）风险评估和风险应对。

（5）财务报表审计中对舞弊的考虑。

（6）审计报告及其沟通。

3.教学目标

本课程在培养学生掌握审计理念、方法及应用能力培养中具有重要作用。通过本课程学习使学生在掌握审计基本理论的基础上，学会运用审计及其他经营信息，对被审计单位经济活动进行有效的评价、鉴证、监督；了解审计学原理产生与形成的过程；熟悉审计的模式、程序和方法。

十四、社会审计

1.课程简介

本课程是审计学专业的核心课程，立足于注册会计师审计，主要介绍审计、鉴证与注册会计师职业，审计程序与审计技术，交易循环审计，其他鉴证业务及相关服务等。

2.主要内容

（1）审计、鉴证与注册会计师职业：主要包括审计与鉴证的基本理论、注册会计师管理、注册会计师执业准则、职业道德和法律责任。

（2）审计程序与审计技术：主要包括审计目标与审计过程、审计证据与审计工作底稿、计划审计工作、风险评估、风险应对、审计抽样、审计报告。

（3）交易循环审计：主要包括销售与收款循环审计、购货与付款循环审计、生产与薪酬循环审计、筹资与投资循环审计、货币资金审计、特殊项目审计、终结审计。

（4）其他类型鉴证业务与相关服务：主要包括财务报表审阅、其他鉴证业务和相关服务。

3.教学目标

通过本课程的教学，使学生了解社会审计与鉴证业务的基本理论、注册会计师管理的相关知识、财务报表审阅及相关服务；熟悉注册会计师执业准则、职业道德和法律责任；掌握审计程序和技术；能够利用审计技术，按照合理的审计程序对被审计单位的业务进行审计，形成正确的审计意见。

十五、政府审计

1.课程简介

本课程是审计学专业的核心课程，主要介绍政府审计的含义和地位、审计组织与审计工作、财政收支审计、金融审计、国有企业审计、行政事业单位审计、固定资产审计、外资审计、政府绩效审计和经济责任审计。理论讲解与案例相结合，使学生进一步理解政府审计的基本理念和程序，对审计技术和方法的应用形成感性认知，并把握不同的审计业务特点。

2.主要内容

（1）政府审计绪论：主要介绍政府审计的起源与演进、政府审计的含义及其地位。

（2）政府审计组织与审计法律规范：主要介绍政府审计的组织及其职责、权限和审计的法律责任。

（3）政府审计基本业务流程：主要介绍审计项目计划、准备、实施、终结和整改检查。

（4）财政审计：本级政府预算执行情况审计；对下级财政预算执行情况的决算审计和其他财政收支审计的基本流程和方法，并掌握撰写审计结果报告和审计工作报告。

（5）金融审计：中央银行、商业银行、非银行金融机构审计。

（6）国有企业审计：国有企业财务收支审计、国有企业领导干部经济责任审计。

（7）行政事业单位审计：行政单位财政财务收支审计、事业单位财务收支审计、行政事业单位其他审计。

（8）固定资产投资审计：建设项目开工前、在建和竣工决算审计。

（9）外资审计：国外贷款项目审计的程序和审计报告。

（10）政府绩效审计：政府绩效审计的内容、方法和程序。

（11）经济责任审计：经济责任审计的内容和程序。

3.教学目标

通过本课程的学习，使审计学专业学生扩展特定专业的审计知识，系统了解政府审计基本理论，熟悉政府审计的基本方法，掌握财政审计、金融审计、国有企业审计、行政事业单位审计、固定资产投资审计、外资审计、政府绩效审计和经济责任审计的基本流程和方法，以适应学生未来审计实践的基本知识和能力需求。

十六、内部审计

1.课程简介

本课程是审计学专业的核心课程，主要介绍内部审计准则与职业道德规范，内部审计的机构管理、人力资源管理、项目管理和人际关系，内部审计程序、技术，并介绍舞弊审计、内部控制审计、风险管理审计、经济责任审计和信息系统审计的程序与方法。

2.主要内容

（1）内部审计概述：内部审计的历史与发展、定义、职能、特征和作用。

（2）内部审计准则与职业道德：内部审计准则、职业道德规范。

（3）内部审计管理：内部审计的机构管理、人力资源管理、项目管理和人际关系。

（4）内部审计程序：全面风险分析、选择审计对象、制订审计方案、实施审计作业、编制审计报告、后续审计、评估审计结果。

（5）内部审计技术及应用：流程分析法、分析性复核方法、审计抽样方法、风险评估法、内部控制自评法、问卷调查法。

（6）实务热点分析：舞弊审计、内部控制审计、风险管理审计、经济责任审计和信息系统审计的程序与方法。

3.教学目标

通过本课程学习，学生应了解内部审计相关理论，熟悉内部审计机构管理、人力资源管理、项目管理和人际沟通的相关知识，掌握内部审计的技术方法，并能利用所掌握的内部审计技术方法，进行舞弊行为审计、内部控制审计、经济责任审计和信息系统审计。

十七、税法

1.课程简介

本课程是审计学专业的核心课程。税法是涉及税收征纳双方的权利和义务关系的法律规范的总称，是依法征税和依法纳税的行为准则。本课程能为培养学生认识税法、掌握税法、运用税法打下基础。

2.主要内容

（1）税法基本原理：税法的解释，税收法律关系主体，税收程序法的基本制度，国际重复征税的概念，国际税收抵免制度。

（2）增值税：增值税一般纳税人和小规模纳税人的认定与管理，增值税征税范围的一般规定，视同销售、混合销售和兼营行业的征税规定，增值税税率。

（3）消费税：税目、税率，特殊计税规定，代收代缴的规定，委托加工应税消费品的规定，金银首饰征税规定，进口应税消费品组成计税价格的计算。

（4）企业所得税：基本税率规定，低税率的适用范围，收入总额的确定，不征税收入和免税收入，扣除项目的原则、范围和标准，不得扣除的项目，亏损弥补，固定资产税务处理，税法规定与会计规定差异的处理，资产损失税前扣除的政策，资产损失税前扣除管理，企业重组一般性和特殊性税务处理方法等。

（5）个人所得税：税率，应纳税所得额的一般规定、特殊规定，工资、薪金所得的计税方法，个体工商户、个人独资企业和合伙企业的生产、经营所得的计税方法，对企事业单位承包、承租经营所得的计税方法，劳务报酬所得，稿酬所得，特许权使用费所得，利息，股息，红利所得，财产租赁所得，财产转让所得，偶然所得的计税方法。

（6）其他税种：城市维护建设税与教育费附加，资源税，车辆购置税，关税，土地增值税，印花税，房产税，车船税，契税，城镇土地使用税，耕地占用税。

3.教学目标

通过本课程的教学，使学生了解税收法律制度基础和税收征收管理法律制度，理解并掌握各种税收法律制度的主要内容，全面把握我国现行各税种的计税依据、计算方法，正确计算各税种的应纳税额，从而具备对实际经济业务中涉及的税收问题的分析和解决问题的能力，以达到培养应用型人才的目标。

十八、经济法基础

1.课程简介

本课程是初级会计资格考试的应试课程，主要介绍会计法律制度、支付结算法律制度、税法概述及货物和劳务税法律制度、所得税法律制度、财产和行为税法律制度、税收征管法律制度、劳动合同与社会保障法律制度。

2.主要内容

（1）总论：法律基础、法律主体、法律责任。

（2）会计法律制度：会计法律制度概述、会计核算与监督、会计机构和会计人员、会计法律责任。

（3）支付结算法律制度：支付结算概述、银行结算账户、银行非现金支付业务、支付机构非现金支付业务、支付结算纪律与法律责任。

（4）税法概述及货物和劳务税法律制度：税收法律制度概述、增值税法律制度、消费税法律制度、城市维护建设税和教育费附加法律制度、车辆购置税法律制度、关税法律制度。

（5）所得税法律制度：企业所得税法律制度、个人所得税法律制度。

（6）财产和行为税法律制度：财产税法律制度、契税法律制度、土地增值税法律制度、城镇土地使用税法律制度、资源税法律制度、环境保护税法律制度、烟叶税与船舶吨税法律制度、印花税法律制度。

（7）税收征管法律制度：税收征收管理法概述、税务管理、税款征收、税务检查、税务行政复议、税收法律责任。

（8）劳动合同与社会保障法律制度：劳动合同法律制度、社会保障法律制度。

3.教学目标

通过教学使学生掌握市场经济运行的基本法律制度、会计法律制度、税收法律制度和劳动合同与社会保障法律制度，增强法律意识。能够运用相关法律理论知识与技巧，解决市场经济行为中的实际问题。此外，通过本课程学习，使学生能顺利通过初级会计资格考试的经济法基础科目。

第五节 各专业主要课程学习方法探究

一、尽快适应已经变化了的学习环境

从高中来到大学，有很多不适应，其中之一就是学习不适应，主要表现在：

1.教学目的不适应

高中是“应试”教育，一切为了考上大学；大学是“能力”教育，一切为了培养学生分析问题、解决问题的能力，两者无法对接。

2.教学环境不适应

高中对教师的依赖性比较强，一切都在班主任的安排之下，部分学生自理能力较差；大学更提倡独立性，从学习到生活，都需要自理，辅导员或班主任不再像高中老师那样去管学生，而是给了学生更多的自由活动空间，这就让部分学生无所适从，不知道什么该做，什么不该做，更让一部分学生觉得没有人管了，终于可以放松一下了，上课迟到早退、缺课都不在话下了。

3.教学方法不适应

高中时每节课讲的内容较少，反复地做练习，做作业、测验、模拟考试；大学

每节课讲的内容较多，本节内容没消化，就讲下一节内容了，还没反应过来是怎么一回事，厚厚的一本书讲完了，一学期就要结束了，部分学生不适应大学的教学特点、方式方法。

这就要求同学们要尽快地随着学习环境的变化、教学方法的变化及时调整自己，尽早适应已经变化了的环境，掌握学习方法，学好本专业的每一门课程。

二、学习方法探究

不管学习什么课程，都要讲究学习方法，掌握好的学习方法，往往可以达到事半功倍的效果，但掌握好的学习方法，并不是轻而易举的事情，往往因人而异，并没有对谁都适用的万能的学习方法，适合自己的学习方法就是最好的方法。希望同学们能够在学习中不断摸索，认真思考，总结出适合自己的学习方法。

我们把自己在长期的“教”与“学”过程中积累的经验，介绍给同学们，希望能给同学们提供帮助，起到举一反三的作用。

（一）对教材内容的学习

在对教材内容的学习消化过程中，应经历下列三个阶段：

由厚变薄⟹由薄变厚⟹再由厚变薄

1. 由厚变薄

“由厚变薄”是指在上课之前，对厚厚的一本教材进行预览，像看小说一样，以很短的时间，从前一直看到后，不求甚解，只是粗略地看一下梗概，知道本教材有几章，每章有几节，都讲述哪些内容，然后纵观全书，从总体上把握教材内容，相当于把教材“由厚变薄”。

2. 由薄变厚

“由薄变厚”是指在从总体上把握教材内容的基础上，进一步深入学习，弄清楚每一章、节的重点、难点，即对教材内容的细化，进一步消化、理解书上的内容，在学习过程中的最低层次是“知道怎样做”；中等层次是不仅知道怎样做，也能问一些为什么；最高层次是不仅知道怎样做，更知道为什么做，也就是“不仅知其然，更知其所以然”，使教材“由薄变厚”。

3. 再由厚变薄

“再由厚变薄”并不是第一点中“由厚变薄”的简单重复，而是一次“质”的飞跃，也就是在“由薄变厚”的基础上，进行归纳总结，知道本课程做什么，怎样做，为什么做，也就是“有什么用，怎样用，为什么用”，从而掌握本课程的精髓，是学习的一次“蜕变”，是学习内容的“升华”，完成“由厚变薄”的转化。

上述三个阶段可以描述为：

独上高楼，望尽天涯路。⟹衣带渐宽终不悔，为伊消得人憔悴。⟹众里寻他千百度，蓦然回首，那人却在灯火阑珊处。

（二）课堂听课过程

在课堂听课过程中，应做到以下三点：

带着问题学⟹听课要专心⟹课后要总结

1.带着问题学

带着问题学就是要进行课前预习，将下一节课要讲的内容预览一遍，看看有没有看不懂的内容。如果有，不需要弄明白，只是作为问题记在心里，上课时注意听老师讲这部分内容。如果老师课堂上没有讲明白，下课就要问老师或同学，不要不好意思。就是要放下架子，不要怕别人瞧不起自己，知识也是一点一滴积累起来的；也不要认为这个问题没明白不影响以后内容的学习，有可能这个问题没明白导致以后的问题也没明白。如果羞于问别人，上网去查阅也是很不错的办法。

2.听课要专心

听课要专心就是要跟着老师的思路走，专心致志，课堂上千万不要开小差、做与课堂无关的其他事情，尤其以为自己在抓紧时间，在课堂上看初级会计资格考试资料，四、六级英语考试资料等，实际上是抓了芝麻，丢了西瓜，顾此失彼。

3.课后要总结

课后要总结是指在完成作业、复习巩固的基础上，进行归纳总结，找出本次课的重点、难点、要点。只有通过总结，才能抓住有规律性的东西，加深记忆。有总结，才会有提高。会计学科的很多课程总结，不是看出来的，而是做出来的，也就是人们常说的“不动笔墨不看书”。边看边做，才能抓住要害，更上一层楼。总结的过程可以先从每一节开始，从每一章的各个节汇总整理出该章的总结，最后由各个章的总结汇总出全书的总结，从而把握全书。

（三）注意事项

从学好每一门课程上看，要注意以下三点：

总体上把握教材⟹弄懂概念⟹“兴趣”和“网络”是最好的老师

1.总体上把握教材

不管学习哪一门课程，首先要从总体上进行把握：该门课程是什么？做什么？怎么做？为什么做？以“基础会计学”课程为例，首先要知道基础会计是什么：研究包括各个行业的企业会计共同适用的基本理论、核算方法及其工作组织的一门应用性极强的会计学科基础课。基础会计学是会计学科知识体系中最基本的内容，是会计学科各专业的核心课、入门课，既是学好其他会计学分支学科的基础，也是管理学科各专业的学科基础课。基础会计学做什么：主要进行“会计核算”。基础会计学内容一般可以分为三大部分，除第一部分介绍会计基本理论，最后一部分介绍会计工作组织之外，剩下的绝大部分章、节都讲“会计核算”，这就是基础会计学主要要学的内容。怎样做，即怎样进行会计核算：通过五种会计核算方法——设置会计科目与账户、复式记账、填制审核会计凭证、登记账簿、编制财务会计报告。

为什么做，即为什么要进行会计核算，也就是会计核算的目标：以会计准则为依据，向会计信息使用者提供符合信息质量要求的以财务会计信息为主的经济信息，如实反映企业管理层受托责任履行情况，有助于会计信息使用者做出经济决策。

只有对每门课程有了以上基本认识，才能把握教材的每一章、节的“思路”，知道它要干什么，为什么这样做，而不至于学完每一章、节，都不知道干什么，要解决什么问题，学完后面的内容，忘掉前面的内容，甚至个别同学学完一门课程，连该课程的名称都没记住。

建议同学们在学习本专业核心课程时，参看一下本章“第四节 各专业主要课程介绍”的有关课程内容，对在总体上把握教材会大有益处。

2.弄懂概念

“弄懂概念”就是对教材上的每一个基本概念，尤其是重要概念，一定要弄懂它的确切含义，逐字推敲，反复斟酌，弄清“是”与“不是”的界限，一般都由概念入手推及其他。例如，“基础会计学”中关于资产的概念是：“资产是指企业过去的交易或者事项形成的、由企业拥有或者控制的、预期会给企业带来经济利益的资源。”在这个概念中，就要弄清楚“过去”“交易”“事项”“拥有”“控制”“经济利益”“资源”这些名词是什么意思，不能马马虎虎、似懂非懂，否则，就不可能真正掌握“资产”这个概念。有了资产的概念，才能进一步掌握资产包括的内容、资产的分类，资产类账户的结构、资产的核算等后续相关内容。

3.“兴趣”和“网络”是最好的老师

爱因斯坦有一句名言：“兴趣是最好的老师。”希望同学们能够正视现实，相信自己。我们认为，专业没有好坏之分，你喜爱的专业就是最好的专业。既来之，则安之；既选之，则爱之，在爱的过程中便会产生兴趣。有了兴趣，你才会进一步喜爱它。历史发展到现在，我们认为：在爱因斯坦名言的基础上，应再加上两个字：“网络”，就是“兴趣和网络是最好的老师”。网络确实是个好东西。网络“无所不有，无所不知”，无论想查找什么资料，基本都能在网上找到。20多年前查找一些资料，必须到图书馆，而且都是纸质资料。要想查最新的资料，基本上没有。即便不是最新资料，还有可能查了半天没查到。现在是足不出户，很快就能查到，省事、省时，又高效率，网络是无所不通、无所不懂的好老师，是学习的好伴侣，“网络”给同学们的学习插上了腾飞的翅膀。

三、培养主动获取信息的能力

古人云：“授人以鱼，不如授之以渔。”授人以鱼只救一时之急，授人以渔则可解一生之需。老师是知识的传授者，是同学们学习路上的引路人。除了在课堂上认真学习老师传授的知识外，同学们更应持续培养主动获取信息的能力，尤其是在网络技术发达、信息快速传播的现代社会中，学生获取专业知识的渠道已不再局限于课堂，因此，同学们应积极关注一些有利于吸取专业知识、能及时获取新政策、新法规的网站或微信公众号，从而培养主动获取信息的能力。

（一）与会计学科各专业学习比较密切的网站

（1）中华人民共和国财政部网站，http：//www.mof.gov.cn/index.htm。

（2）中国国家税务总局网站，http：//www.chinatax.gov.cn/。

（3）正保会计网校，http：//www.chinaacc.com/。

（4）东奥会计网校，http：//www.dongao.com/。

（5）中国研究生招生信息网，http：//yz.chsi.com.cn/。

（6）正保考研教育网，http：//www.cnedu.cn/。

（7）考研信息网，http：//www.chinakaoyan.com/。

（8）中华人民共和国财政部会计财务评价中心（全国会计资格评价网），http：//kzp.mof.gov.cn/。

（二）会计人关注的优质公众号

会计人关注的优质公众号举例见表2-8。

表2-8 会计人关注的优质公众号举例

序号	类别	公众号名称	微信号	二维码
1	学术特色类	分析式会计研究	Analytical_AR	
2	学术特色类	会计与资本市场研究平台	AccResearch	
3	学术特色类	财会瞭望哨	gh_721a0cba1390	
4	学术特色类	金融学前沿论文速递	FinanEx	
5	学术特色类	家族企业治理与传承研究平台	FBR2016	
6	学术特色类	会计史	kjszywyh	
7	学术特色类	西南财经大学中国管理会计研究中心 Center for Management Accounting Research（CMAR）at China SWUFE	CMAR_SWUFE	

续表

序号	类别	公众号名称	微信号	二维码
8	学术特色类	内部控制研究中心	dufecicrc	
9	学术特色类	GOV审计研究平台	govaudit_research	
10	学术特色类	商业圻谈	syqt2020	
11	学术特色类	中国企业营运资金管理研究中心	bwcmcenter	
12	学术特色类	中国管理会计研究与发展中心	gh_546245484543	
13	学术特色类	芸窗e财务	Gh_59a5df054b82	
14	学术期刊类	CJAR	ChinaJAR	
15	学术期刊类	南开管理评论	gh_255e4ba757c5	
16	学术期刊类	中国工业经济	ciejournal	
17	学术期刊类	经济研究	erj_weixin	
18	学术期刊类	管理世界杂志	managementworld	
19	学术期刊类	经济管理杂志社	jjglbjb	
20	学术期刊类	组织管理研究MOR	MOR-Wechat	

续表

序号	类别	公众号名称	微信号	二维码
21	学术期刊类	管理学季刊	guanlixuejikan	
22	学术期刊类	中国财政	ChinaStateFinance	
23	学术期刊类	财会月刊	CKYK1980	
24	学术期刊类	财会通讯	caikuaitongxun	
25	学术期刊类	财务与会计	caiwuyukuaiji	
26	学术期刊类	会计之友	FRIENDSOFACCOUNTING	
27	机构院系类	中国会计学会	Accounting-China1	
28	机构院系类	财政部	mofczb	
29	机构院系类	会计学术联盟	KJXSLM	
30	机构院系类	经管之家	jgjgedu	
31	机构院系类	学术中国	xueshuzhongguo	
32	实务考证类	中国会计视野	esnaicom	
33	实务考证类	注册会计师	gaoduncpa	

续表

序号	类别	公众号名称	微信号	二维码
34	实务考证类	普华永道中国	PWCCHINA	
35	实务考证类	中国会计报	Accounting-News	
36	实务考证类	德勤 Deloitte	Deloittle_china	
37	实务考证类	毕马威 KPMG	MPMGChina	
38	实务考证类	安永 EY	EY_GreaterChina	
39	实务考证类	MPAcc 教育发展智库	MPAcc-Education	
40	实务考证类	MPACC 网	Mpacc_news	

希望同学们充分利用网络资源，学好各门专业课程。

第六节 会计学、财务管理、审计学专业的关系

一、从研究对象看

会计学、财务管理、审计学三大专业的研究对象相同，都是社会再生产过程中主要以货币表现的经济活动，也就是企业再生产过程中的资金运动，对企业而言，其共同对象可以具体化为：资产、负债、所有者权益、收入、费用、利润，通常称为“会计六要素”。

二、从会计职能看

会计学专业侧重于会计核算职能，主要对“会计要素”进行确认、计量、记录和报告，就是通常人们所说的“记账、算账、报账”；财务管理专业侧重于会计管理职能，主要利用会计核算提供的相关信息，进行预测、决策、规划（预算）、控制、考评、分析；审计学专业侧重于会计监督职能，是对企业的经济业务的合理性、合法性、合规性或风险性进行检查、督促和审计。会计核算职能、会计管理职

能、会计监督职能三者紧密联系在一起，相辅相成，构成完整的会计职能体系。会计核算是会计监督和会计管理的基础，会计监督是会计管理和会计核算的保证，会计管理是会计核算和会计监督的拓展。会计学专业、财务管理专业、审计学专业培养的毕业生只要专业对口，都可以发挥上述三个职能。

三、从课程体系看

我们将会计学科课程分为会计核算、会计管理、审计三大部分，其中，会计核算课程包括：基础会计学、中级财务会计、高级财务会计、政府与非营利组织会计、金融企业会计等对会计要素进行确认、计量、记录和报告的会计课程。会计管理课程包括：财务管理学、管理会计学、成本会计学、财务报告分析、内部控制、公司战略与风险管理等进行会计预测、决策、规划（预算）、控制、分析、考评等的会计课程。审计课程主要是审计学。审计学专业细分为：审计学原理、社会审计、政府审计、内部审计、计算机审计、大数据审计等。

会计学专业侧重于会计核算课程；审计学专业侧重于审计课程；财务管理专业侧重于会计管理课程。会计学专业以会计核算课程为核心，以会计监督课程为保证，以会计管理课程谋发展，以实验实践课程为依托，以会计信息化课程为手段。财务管理专业以会计管理课程为核心，以会计核算课程为基础，以审计课程为保证，以实验实践课程为依托，以会计信息化课程为手段。审计学专业以审计课程为核心，以会计核算课程为基础，以会计管理课程谋发展，以实验实践课程为依托，以会计信息化课程为手段。

从中可以看出，会计学科的三大专业相互依存，谁也离不开谁，相互之间没有本质区别，会计学专业开设的课程，审计学专业和财务管理专业也都可以开设；同样，审计学专业开设的课程，会计学专业和财务管理专业也都可以开设；财务管理专业开设的课程，审计学专业和会计学专业也都可以开设。上述内容都是会计实践工作不可缺少的内容，不同专业只是根据本专业的侧重点不同进行取舍而已。

四、从核心课程看

会计学专业核心课程包括：中级财务会计、高级财务会计、成本会计学、财务管理学、管理会计学、审计学等。财务管理专业核心课程包括：中级财务会计、成本会计学、财务管理学、高级财务管理、财务报告分析、管理会计学、金融市场、投资学等。审计学专业核心课程包括：中级财务会计、高级财务会计、成本会计学、政府审计、社会审计、内部审计、经济法基础、税法等。

从中可以看出，会计学专业的核心课程主要是和会计核算有关的课程——中级财务会计、高级财务会计；其次是会计管理课程——管理会计学、成本会计学、财务管理学；最后是会计监督课程——审计学。

财务管理专业核心课程主要是与会计管理有关的课程——管理会计学、成本会计学、财务管理学、高级财务管理、财务报告分析、金融市场、投资学；其次是会计核算课程——中级财务会计；最后是会计监督课程——审计学。

审计学专业核心课程主要是与会计监督有关的课程——审计学原理、社会审计、政府审计、内部审计；其次是会计核算课程——中级财务会计、高级财务会计；最后是会计管理与法律课程——成本会计学、经济法基础、税法。

将三大专业的核心课程总结如下：中级财务会计、成本会计学是三大专业的共同核心课；中级财务会计、成本会计学、财务管理学、管理会计学四门课程是会计学专业、财务管理专业的共同核心课。除此之外，本专业的核心课程，如果不是其他专业的核心课程，一般也都是其他专业的非核心课程。只有审计学相关课程在审计学专业被细化为审计学原理、社会审计、政府审计、内部审计四门课程，以突出审计学的核心地位。例如，审计学专业的核心课程——财务报表分析也是会计学专业、财务管理专业要学习的课程。也就是说，每个专业的核心课程一般也都是其他专业要学习的课程，只是侧重点不同而已。

五、从工作单位、职称评定看

从工作单位看，三百六十行，行行用会计、行行需理财、行行要监督。也就是说，会计无处不有，财务无处不在，监督无处不要，凡是有单位，而且不论大小，都需要会计、理财和监督。因此，从理论上说，凡是会计学专业毕业生可以去的地方，财务管理专业、审计学专业的毕业生也可以去。同样，凡是财务管理专业毕业生可以去的地方，会计学专业、审计学专业的毕业生也可以去。凡是审计学专业毕业生可以去的地方，财务管理专业、会计学专业的毕业生也可以去。也就是说，一个企业的“会计处”（会计科）招聘的人才不一定都是会计学专业的毕业生，同样有财务管理专业和审计学专业的毕业生；一个企业的“财务处”（财务科）招聘的人才不一定都是财务管理专业的毕业生，同样有会计学专业和审计学专业的毕业生；一个企业的“审计处”（审计科）招聘的人才不一定都是审计学专业的毕业生，同样有会计学专业和财务管理专业的毕业生。甚至有些大中企业分设“会计处”（会计科）、“财务处”（财务科）、“审计处”（审计科），但每个部门基本上都不是清一色的会计学专业毕业生、财务管理专业毕业生或审计学专业毕业生，总体上并不是以“专业”定终身，而是看每个毕业生的实际工作能力和水平，“专业”顶多被优先考虑。

从职称评定看，在一个企业里，不管是在“会计处”（会计科）工作，还是在“财务处”（财务科）工作，抑或在“审计处”（审计科）工作，要想完全胜任某一个会计、财务、审计工作岗位，还需要有相同的专业技术职务：正高级会计师（也称教授级高级会计师）、高级会计师、会计师、助理会计师、会计员。根据《会计专业职务试行条例》第三条规定，高级会计师为高级职务，会计师为中级职务，助理会计师、会计员为初级职务。

不仅如此，会计、财务、审计工作岗位的专业技术资格也完全相同，分为初级会计职称、中级会计职称和高级会计职称三个级别。

除此之外，有关会计、财务、审计方面的其他资格，如“注册会计师”“资产评估师”“财务管理师”等，会计学专业、财务管理专业、审计学专业都可以考取。尤其是众所周知最难考的“注册会计师”执业资格考试，报名基本条件是具备高等专科及以上学校毕业的学历。具有会计学专业、财务管理专业、审计学专业学历的人，注册会计师考试的课程都学过，要比其他专业更具优势。

六、大会计论、大财务论、平行论与相同论

目前，关于财务、会计和审计的关系，审计有时会被单独考虑，有时则包含在“会计”之中，而对“财务”与“会计”的关系，则众说纷纭，有以下四种观点。

（一）大会计论

该种观点认为，会计包括财务。也就是说，会计是广义的会计，此种观点在我国具有广泛的代表性，主要理由是：

（1）我国有关会计、财务、审计的法律规范一般统称为会计法律体系，例如，《会计法》既规范了会计核算，也规范了会计监督，体现了会计核算和会计监督职能。

（2）2011年9月9日，财政部印发了《会计改革与发展“十二五”规划纲要》，在“十二五”会计改革与发展的指导思想中明确指出：“坚定不移地围绕会计法制、会计准则、审计准则、内部控制、会计鉴证、会计信息化、会计人才队伍建设、会计指数、会计理论研究等重要领域，实现会计工作全面、协调、可持续发展，更好地为经济社会服务。”从中可以看出，会计改革与发展的内容不仅包含了规范会计核算的“会计准则”，还包含了规范会计监督的“审计准则”，也包含了规范会计管理的“内部控制”。在这里，有关会计学专业、财务管理专业、审计学专业的相关内容都纳入了“会计改革与发展规划纲要”，体现了“大会计论”。

2016年10月8日，财政部印发了《会计改革与发展“十三五”规划纲要》，在“‘十三五’时期会计改革与发展的主要任务”中明确提出：“提升会计工作管理效能。以深入实施管理会计指引体系为抓手，积极推动企业和其他单位会计工作转型升级，进一步发挥会计工作在战略管理、预算管理、成本管理、营运管理、投融资管理、绩效管理、风险管理等方面的职能作用，促进企业提高管理水平和经济效益，促进行政事业单位提高理财水平和预算绩效，更好地为经济社会发展服务。”这里的“转型升级”实质上就是由会计核算为主向会计管理为主转化。也就是说，会计不仅仅要从事核算，也要管财务，会计包含了财务。

2021年11月24日，财政部发布的《会计改革与发展“十四五”规划纲要》中指出，“十四五”期间会计改革与发展的指导思想是“牢牢把握会计审计标准制定和实施‘两个重点’、切实抓好行业和人才队伍‘两个管理’、持续强化法治化和数字化‘两个支撑’、努力实现会计职能对内对外‘两个拓展’，积极推动我国会计事

业取得新成绩、实现新跨越……”

以上均体现了大会计论，会计不仅包括会计核算、会计监督，还包括会计管理。

(3) 财政部在《会计行业中长期人才发展规划（2010—2020年）》（财会〔2010〕19号，以下简称“规划”）中明确指出：“会计职业领域已从传统的记账、算账、报账为主，拓展到内部控制、投融资决策、企业并购、价值管理、战略规划、公司治理、会计信息化等高端管理领域。”说明会计已不是当年的会计，是包括财务在内的会计。

“规划”特别在“会计人才队伍建设的主要任务”中明确提出“着力培养造就大型企事业单位具有国际业务能力的高级会计人才”。“高级会计人才”是指大型企事业单位中精通财会业务、熟悉市场规则，掌握金融、法律、内部控制、信息技术等相关专业知识，具有国际视野和跨文化交流能力，能参与战略经营和管理决策、把握行业发展趋势、解决复杂经济问题的高层次经营管理人才。

财政部在《会计行业人才发展规划（2021—2025年）》中指出“……着力培养符合新时代高质量发展要求的大中型企业高端会计人才，符合新时代行政事业单位管理要求的高端会计人才，符合国家建设要求的注册会计师……”

以上“高级会计人才”是“精通财会业务”，而不是“精通会计业务”，可见这里的“会计”包含了“财务”。持有此种观点的企事业单位，一般只设置“会计处（部、科、股、组）”，负责会计、财务的全面工作。本书如无特别说明，“会计”均指大会计。

（二）大财务论

该种观点认为，财务包括会计，财务是广义的财务。会计与财务都与“钱”有关，“钱”就是“财”，与钱有关的经济业务，只要以价值量的形式来表现，都可以称为“财务”。会计核算主要以价值量的形式进行核算，因此，财务包括会计。持有此种观点的企事业单位一般只设置“财务处（部、科、股、组）”，负责会计、财务的全面工作。

（三）平行论

该种观点认为，会计与财务是两个完全不同的概念，会计侧重于核算，即对企业发生的交易或者事项进行确认、计量、记录和报告，也就是人们通常所说的记账、算账、报账。而财务侧重于管理，主要以价值量的形式，进行企业的资金筹集、资金运用和资金分配等工作。也就是说，会计是信息的创造者，财务是信息的运用者。会计是一个信息系统，财务是一项管理活动，彼此互不包含。持有此种观点的企事业单位，一般分设会计处（部、科、股、组）、财务处（部、科、股、组）、审计处（部、科、股、组），分别负责会计、财务与审计工作。

（四）相同论

该种观点认为，会计与财务是一回事，都与钱有关，统称“财务会计”，简称“财会”，说明财务与会计从来不分家。即使严格按会计、财务、审计分设专门机构，在每个机构工作的，一般都有会计学专业、财务管理专业、审计学专业的毕业生，至少说明三个专业没有严格区别，仅仅是侧重点不同而已，因此，没有必要做严格区分，持有此种观点的企事业单位，不管叫会计处（部、科、股、组），还是叫财务处（部、科、股、组）、财会处（部、科、股、组）、计财处（部、科、股、组），都负责会计、财务的全面工作。

（五）我国目前对会计、财务、审计的认识

（1）会计法律体系中的“会计”一般都是大会计论，如《会计改革与发展“十四五”规划纲要》《会计行业人才发展规划（2021—2025年）》，一般都包含了财务、会计与审计。有些法规虽然内容具体，且只规范某一方面，如企业会计准则只规范会计核算，企业财务通则只规范财务工作，企业审计准则只规范审计工作，但也都统称为“会计法律体系”。

（2）会计行政管理工作机构中的“会计”是大会计论，如财政部的会计司，省、直辖市财政厅的会计处，各市、地财政局的会计处，各县、区财政局的会计科都负责本地区的会计、财务与审计的全面工作。

（3）会计业务工作管理中的“会计”多为相同论，极少数为平行论，如小微企业不管叫会计部（股、组），还是叫财务部（股、组）或者财会部（股、组）等，都负责本单位的会计、财务与审计的全面工作，体现了“相同论”。而大中企业一般情况下，财务与会计不分家，不管叫会计处（部、科），还是叫财务处（部、科）、财会处（部、科）、计财处（部、科）等，都负责会计、财务的全面工作，但“审计”往往不包括在内，而是单独设置审计处（部、科），专门负责本单位的审计工作。只有少数大中企业分设会计处（部、科）、财务处（部、科）、审计处（部、科），分别负责会计、财务与审计工作，将会计、财务与审计严格区分开来，体现了“平行论”。

总之，由于会计无处不有，财务无处不在，监督无处不要，凡是有单位，而且不论大小，都需要会计、理财和监督，三者不仅共存于一个企业，而且都与“钱”有关，也就是都与企业“资金”有关。三者之间的联系太紧密了，难怪有“大会计论”“大财务论”，但在实际工作中，如果对工作没有影响，人们往往不把三者加以区分，统称为“会计”或“财会”，但严格说起来，三者还是三个不同的概念，只是人们平时不做严格区分罢了。

复习题

一、单项选择题

1.会计学专业本科毕业生毕业授予的学位是（　　）。

A.会计学学士　　B.管理学学士　　C.经济学学士　　D.金融学学士

2.财务管理专业本科毕业生毕业授予的学位是（　　）。

A.会计学学士　　B.管理学学士　　C.经济学学士　　D.金融学学士

3.审计学专业本科毕业生毕业授予的学位是（　　）。

A.会计学学士　　B.管理学学士　　C.经济学学士　　D.审计学学士

4.“三大专业”的学习期限是（　　）。

A.4年　　B.4～5年　　C.3～7年　　D.4～7年

5.下列属于“会计学专业”核心课程的是（　　）。

A.思想道德修养与法律基础　　B.形势与政策教育

C.会计学专业导论　　D.中级财务会计

6.下列属于“财务管理专业”专业基础课程的是（　　）。

A.大学生心理健康　　B.财务管理专业导论

C.管理会计学　　D.高级财务管理

7.基础会计学属于三大专业的（　　）。

A.专业基础课　　B.专业核心课　　C.学科基础课　　D.公共必修课

8.下列属于“三大专业”共同的专业基础课程的是（　　）。

A.管理会计学　　B.财务管理学　　C.经济法　　D.基础会计学

9.我国第一个开设“审计学”专业的学校是（　　）。

A.厦门大学　　B.北京大学　　C.上海财经大学　　D.南京审计学院

10.下列属于会计学专业核心课程的是（　　）。

A.高级财务会计　　B.公司战略与风险管理

C.内部控制　　D.经济法

11.下列属于财务管理专业核心课程的是（　　）。

A.金融企业会计　　B.政府与非营利组织会计

C.成本会计学　　D.经济法

12.下列属于审计学核心课程的是（　　）。

A.金融企业会计　　B.公司战略与风险管理

C.内部控制　　D.社会审计

13.下列属于主要介绍会计核算方法的课程是（　　）。

A.管理会计学　　B.中级财务会计

C.内部控制　　D.管理会计学

14.下列属于介绍筹资（资金筹集）、投资（资金运用）、分配（资金分配）的课程是（　　）。

A.管理会计学　　B.财务管理学　　C.中级财务会计　　D.成本会计学

15.对生产经营业务成本（产品成本）和经营管理费用（期间费用）进行成本核算和分析的课程是（　　）。

A.管理会计学　　B.财务管理学　　C.中级财务会计　　D.成本会计学

16.依据企业会计准则主要对会计六要素进行确认、计量、记录、报告的课程是（　　）。

A.管理会计学　　B.财务管理学　　C.中级财务会计　　D.成本会计学

17.以预测经济前景、参与经济决策、规划经济目标、控制经营过程、考评经营业绩为核心内容的课程是（　　）。

A.管理会计学　　B.财务管理学　　C.中级财务会计　　D.成本会计学

18.主要对在新的经济条件下出现的一般财务会计中不予包括或不经常发生的企业特殊经济业务进行核算的课程是（　　）。

A.管理会计学　　B.高级财务会计

C.会计管理信息系统　　D.高级财务管理

19.主要以银行经济业务核算为核心内容的课程是（　　）。

A.中级财务会计　　B.金融企业会计

C.政府与非营利组织会计　　D.公司战略与风险管理

20.专门介绍财政总预算会计、行政单位会计、事业单位会计的课程是（　　）。

A.中级财务会计　　B.金融企业会计

C.政府与非营利组织会计　　D.高级财务会计

21.主要研究除“财务管理”内容以外的企业财务活动的课程是（　　）。

A.中级财务会计　　B.高级财务管理

C.政府与非营利组织会计　　D.高级财务会计

22.在实际工作中，如果对工作没有影响，人们往往不把会计、财务、审计三者加以区分，统称为（　　）。

A.会计　　B.财务　　C.审计　　D.三者都可以

二、多项选择题

1.属于会计学专业、财务管理专业、审计学专业的共同核心课的有（　　）。

A.基础会计学　　B.中级财务会计　　C.成本会计学

D.财务管理学　　E.管理会计学

2.属于会计学专业、财务管理专业共同核心课的有（　　）。

A.基础会计学　　B.中级财务会计　　C.成本会计学

D.财务管理学　　E.管理会计学

3.会计学专业、财务管理专业、审计学专业的相同之处有（　　）。

A.会计对象　　B.会计职能　　C.课程体系

D.核心课程　　E.技术职称

4.会计学专业、财务管理专业、审计学专业的不同之处有（　　）。

A.会计对象　　B.会计职能　　C.课程体系

D.核心课程　　E.技术职称

5.对“财务”与“会计”的关系，则众说纷纭，有以下观点（　　）。

A.大会计论　　B.大财务论　　C.平行论

D.相同论　　E.无关论

6.下列属于会计学专业通识课程的有（　　）。

A.思想道德修养与法律基础　　B.会计学专业导论

C.基础会计学　　D.金融学

E.应用文写作

7.下列属于财务管理专业通识课程的有（　　）。

A.思想道德修养与法律基础　　B.财务管理专业导论

C.财务管理学　　D.计算机基础

E.应用文写作

8.按课程类别，属于“三大专业”学科基础课的有（　　）。

A.高等数学Ⅲ　　B.概率论　　C.宏观经济学

D.微观经济学　　E.管理学

9.下列属于会计核算的课程有（　　）。

A.基础会计学　　B.中级财务会计

C.高级财务会计　　D.政府与非营利组织会计

E.金融企业会计

10.下列属于会计管理的课程有（　　）。

A.财务管理学　　B.管理会计学　　C.成本会计学

D.财务报告分析　　E.内部控制

11.下列属于会计监督的课程有（　　）。

A.审计学原理　　B.政府审计

C.社会审计　　D.公司战略与风险管理

E.内部审计

三、填空题

1.会计学科三大专业是指会计学专业、（　　）专业、（　　）专业。

2.会计学专业属于（　　）门类下的工商管理类，授予（　　）学士学位。

3. 财务管理专业属于（ ）门类下的工商管理类，授予（ ）学士学位。

4. 审计学专业属于（ ）门类下的工商管理类，授予（ ）学士学位。

四、判断题

1. 会计与财务不分家，因此是一个概念，统称为“财会”。（ ）

2. 《会计改革与发展“十四五”规划纲要》提出：“十四五”期间大力推动会计职能拓展，这里的会计职能指的是会计管理职能。（ ）

3. 会计、财务、审计工作岗位的专业技术资格完全相同。（ ）

4. 会计学科的三大专业相互依存，谁也离不开谁，相互之间没有本质区别。（ ）

5. 会计学、财务管理、审计学三大专业的研究对象相同。（ ）

五、名词解释

高级会计人才

六、简答题

1. 会计学专业的培养目标是什么？你如何看待会计学专业的培养目标？

2. 财务管理专业的培养目标是什么？你如何看待财务管理专业的培养目标？

3. 审计学专业的培养目标是什么？你如何看待审计学专业的培养目标？

4. 你对会计学专业的就业方向是否满意？请谈一下自己的看法。

5. 你对财务管理专业的就业方向是否满意？请谈一下自己的看法。

6. 你对审计学专业的就业方向是否满意？请谈一下自己的看法。

7. 关于会计与财务的关系，目前有几种观点？

第三章

会计法律体系与会计职业道德

第一章已经提到，会计的职能是核算、管理、监督，那么会计是在什么基础上进行核算、管理、监督呢？也就是说，会计在履行核算、管理、监督职能时，必须有“章”可循，有“据”可依，而不能随心所欲，自立章程，这里的“章”“据”，就是指“会计法律体系”，也有人称其为“会计法规”。但在会计活动中，会计行为的规范化不仅要以会计法律体系作保证，还要依赖会计人员的道德信念、道德品质来实现，这就是会计职业道德。

党的二十大报告指出：“健全现代预算制度，优化税制结构，完善财政转移支付体系。深化金融体制改革，建设现代中央银行制度，加强和完善现代金融监管，强化金融稳定保障体系，依法将各类金融活动全部纳入监管，守住不发生系统性风险底线。”本章主要介绍以《中华人民共和国会计法》为主体的会计法律体系，详细介绍“会计法”（第二节）、“会计准则体系”（第三节）、“会计专业技术人员继续教育规定”（第四节）和“会计职业道德”（第五节）。

第一节 会计法律体系的概念及构成

一、法律体系与会计法律体系的概念

（一）法律体系的概念

法律体系，在法学中有时也称为“法的体系”，是指由一国现行的全部法律规范按照不同的法律部门分类组合而形成的一个呈体系化的有机联系的统一整体，具体包括：

1.法律

法律是指由全国人民代表大会及其常务委员会经过一定的法律程序制定的规范性文件。全国人民代表大会修改宪法，全国人民代表大会及其常务委员会制定法律，有关主权等十个方面的事项是全国人民代表大会及其常务委员会的专属立法权。

2.行政法规

行政法规是指由国务院根据宪法和法律制定的规范性文件。行政法规主要是为实施法律和行使宪法规定的国务院的行政管理职权而作出的规定。

3.部门规章

部门规章是指由国务院所属各部委根据法律和国务院的行政法规，在本部门的权限范围内制定的、调整本部门工作中某些方面内容的规范性文件。

4.地方性法规

地方性法规是指由省、自治区、直辖市人民代表大会及其常务委员会在同宪法、会计法律、行政法规和部门规章不相抵触的前提下，根据本地区情况制定发布的主要是为实施法律、行政法规、部门规章和对地方事务的规定。

（二）会计法律体系的概念

会计法律体系又称会计法规，是指由国家权力机关和行政机关制定的，用以调整会计关系的各种法律、条例、准则、章程、制度、规定、办法、实施细则等规范文件的总称。会计法律体系是贯彻国家有关方针、政策和加强会计工作的重要工具，是处理会计工作的规范。

二、会计法律体系的构成

我国已经形成了以《中华人民共和国会计法》为主体，由会计法律、会计行政法规、会计部门规章和地方性会计法规有机构成的会计法律体系。所以有人将“会计法律体系”称为“**会计法规**”，认为它是“法律、法规、规章”的统称。本书对会计法律体系与会计法规不做区分。

（一）会计法律

会计法律是指由全国人民代表大会及其常务委员会经过一定的法律程序制定的有关会计工作的法律。它是会计法律体系的最高层次，是制定其他会计法规的依据，也是指导会计工作的最高准则，是会计机构、会计工作、会计人员的根本大法。我国目前有两部会计法律，分别是《中华人民共和国会计法》和《中华人民共和国注册会计师法》（简称《注册会计师法》）。

（二）会计行政法规

会计行政法规是指由国务院制定并发布，或者国务院有关部门拟定并经国务院批准发布，调整经济生活中某些方面会计关系的法律规范，如国务院发布的《企业财务会计报告条例》《中华人民共和国总会计师条例》等。

（三）会计部门规章

会计部门规章是指国家主管会计工作的行政部门（即财政部）以及其他相关部委根据法律和国务院的行政法规、决定、命令，在本部门的权限范围内制定的、调整会计工作中某些方面内容的国家统一的会计准则和规范性文件，包括国家统一的会计核算制度、会计管理制度、会计监督制度、会计机构和会计人员管理制度及会计工作管理制度等，如财政部发布的《企业会计准则——基本准则》《财政部门实施会计监督办法》等。

（四）地方性会计法规

地方性会计法规是指由省、自治区、直辖市人民代表大会及其常务委员会在同宪法、会计法律、行政法规和部门规章不相抵触的前提下，根据本地区情况制定发布的关于会计核算、会计管理、会计监督、会计机构和会计人员以及会计工作管理的规范性文件。

第二节 会计法

一、会计法修订情况简述

《中华人民共和国会计法》（以下简称《会计法》），属于会计法律体系中的“会计法律”，同时也是“会计法律”的核心内容，还是我国会计工作的根本大法，是会计行为的最高法律规范，《会计法》起草于1980年8月，于1985年1月21日第六届全国人民代表大会常务委员会第九次会议通过，以第二十一号主席令公布，自1985年5月1日起施行。这是中华人民共和国第一部《会计法》。

1993年12月29日，第八届全国人民代表大会常务委员会第五次会议通过《全国人民代表大会常务委员会关于修改〈中华人民共和国会计法〉的决定》，第一次修正了《中华人民共和国会计法》，以第十七号主席令公布，自公布之日起施行。

1999年10月31日，第九届全国人民代表大会常务委员会第十二次会议审议通过修订的《中华人民共和国会计法》，以第二十四号主席令公布，自2000年7月1日起施行。

2017年11月4日，第十二届全国人民代表大会常务委员会第三十次会议通过《全国人大常委会关于修改〈中华人民共和国会计法〉等十一部法律的决定》，对《中华人民共和国会计法》进行了第二次修正。

2024年6月28日，第十四届全国人民代表大会常务委员会第十次会议通过《关于修改〈中华人民共和国会计法〉的决定》，对《中华人民共和国会计法》进行了第三次修正。

注意：上面的“修正”与“修订”是两个不同的概念，主要区别在于“修正”不改变原来的章、条，只是对其中个别条款的个别语句进行修改，变动范围较小，而“修订”则有可能改变原来的章、条，增加新的内容或减少原来的内容，变动范围较大。《会计法》则经历了一次“修订”，三次“修正”。

二、第二次修正内容

新修正的《中华人民共和国会计法》（以下简称新《会计法》）由七章五十二条改为六章五十一条。主要修改的内容如下：

（1）第二条增加一款，作为第一款：“会计工作应当贯彻落实党和国家路线方针政策、决策部署，维护社会公共利益，为国民经济和社会发展服务。”

（2）将第八条第三款单列一条，作为第四十九条，修改为：“中央军事委员会有关部门可以依照本法和国家统一的会计制度制定军队实施国家统一的会计制度的具体办法，抄送国务院财政部门。”

（3）第八条增加一款，作为第三款："国家加强会计信息化建设，鼓励依法采用现代信息技术开展会计工作，具体办法由国务院财政部门会同有关部门制定。"

（4）将第十条、第二十五条合并，作为第十条，修改为："各单位应当对下列经济业务事项办理会计手续，进行会计核算：

"（一）资产的增减和使用；

"（二）负债的增减；

"（三）净资产（所有者权益）的增减；

"（四）收入、支出、费用、成本的增减；

"（五）财务成果的计算和处理；

"（六）需要办理会计手续、进行会计核算的其他事项。"

（5）将第二十条第二款修改为："向不同的会计资料使用者提供的财务会计报告，其编制依据应当一致。有关法律、行政法规规定财务会计报告须经注册会计师审计的，注册会计师及其所在的会计师事务所出具的审计报告应当随同财务会计报告一并提供。"

（6）将第二十三条修改为："各单位对会计凭证、会计账簿、财务会计报告和其他会计资料应当建立档案，妥善保管。会计档案的保管期限、销毁、安全保护等具体管理办法，由国务院财政部门会同有关部门制定。"

（7）将第三章并入第二章，删去第二十四条。

（8）将第二十七条改为第二十五条，在"各单位应当建立、健全本单位内部会计监督制度"后增加"并将其纳入本单位内部控制制度"。

增加一项，作为第五项："（五）国务院财政部门规定的其他要求"。

（9）将第三十三条改为第三十一条，修改为："财政、审计、税务、金融管理等部门应当依照有关法律、行政法规规定的职责，对有关单位的会计资料实施监督检查，并出具检查结论。

"财政、审计、税务、金融管理等部门应当加强监督检查协作，有关监督检查部门已经作出的检查结论能够满足其他监督检查部门履行本部门职责需要的，其他监督检查部门应当加以利用，避免重复查账。"

（10）将第三十六条改为第三十四条，第一款修改为："各单位应当根据会计业务的需要，依法采取下列一种方式组织本单位的会计工作：

"（一）设置会计机构；

"（二）在有关机构中设置会计岗位并指定会计主管人员；

"（三）委托经批准设立从事会计代理记账业务的中介机构代理记账；

"（四）国务院财政部门规定的其他方式。"

将第二款中的"国有资产"修改为"国有资本"。

（11）将第四十二条改为第四十条，第一款第一自然段修改为："违反本法规定，有下列行为之一的，由县级以上人民政府财政部门责令限期改正，给予警告、通报批评，对单位可以并处二十万元以下的罚款，对其直接负责的主管人员和其他直接责任人员可以处五万元以下的罚款；情节严重的，对单位可以并处二十万元以上一百万元以下的罚款，对其直接负责的主管人员和其他直接责任人员可以处五万元以上五十万元以下的罚款；属于公职人员的，还应当依法给予处分："

（12）将第四十三条、第四十四条合并，作为第四十一条，修改为："伪造、变造会计凭证、会计账簿，编制虚假财务会计报告，隐匿或者故意销毁依法应当保存的会计凭证、会计账簿、财务会计报告的，由县级以上人民政府财政部门责令限期改正，给予警告、通报批评，没收违法所得，违法所得二十万元以上的，对单位可以并处违法所得一倍以上十倍以下的罚款，没有违法所得或者违法所得不足二十万元的，可以并处二十万元以上二百万元以下的罚款；对其直接负责的主管人员和其他直接责任人员可以处十万元以上五十万元以下的罚款，情节严重的，可以处五十万元以上二百万元以下的罚款；属于公职人员的，还应当依法给予处分；其中的会计人员，五年内不得从事会计工作；构成犯罪的，依法追究刑事责任。"

（13）将第四十五条改为第四十二条，修改为："授意、指使、强令会计机构、会计人员及其他人员伪造、变造会计凭证、会计账簿，编制虚假财务会计报告或者隐匿、故意销毁依法应当保存的会计凭证、会计账簿、财务会计报告的，由县级以上人民政府财政部门给予警告、通报批评，可以并处二十万元以上一百万元以下的罚款；情节严重的，可以并处一百万元以上五百万元以下的罚款；属于公职人员的，还应当依法给予处分；构成犯罪的，依法追究刑事责任。"

（14）增加一条，作为第四十六条："违反本法规定，但具有《中华人民共和国行政处罚法》规定的从轻、减轻或者不予处罚情形的，依照其规定从轻、减轻或者不予处罚。"

（15）将第四十九条改为第四十七条，增加一款，作为第一款："因违反本法规定受到处罚的，按照国家有关规定记入信用记录。"

（16）对部分条文作以下修改：

（一）将第二十六条改为第二十四条，其中的"公司、企业"修改为"各单位"，"所有者权益"修改为"净资产（所有者权益）"。

（二）将第三十四条改为第三十二条，其中的"国家秘密和商业秘密"修改为"国家秘密、工作秘密、商业秘密、个人隐私、个人信息"。

（三）将第三十九条改为第三十七条，在"提高业务素质"后增加"严格遵守国家有关保密规定"。

（四）将第四十六条改为第四十三条，其中的"构成犯罪的，依法追究刑事责任；尚不构成犯罪的，由其所在单位或者有关单位依法给予行政处分"修改为"依法给予处分；构成犯罪的，依法追究刑事责任"。

（五）将第四十七条改为第四十四条，其中的“泄露国家秘密、商业秘密，构成犯罪的，依法追究刑事责任；尚不构成犯罪的，依法给予行政处分”修改为“泄露国家秘密、工作秘密、商业秘密、个人隐私、个人信息的，依法给予处分；构成犯罪的，依法追究刑事责任”。

（六）将第四十八条改为第四十五条，删去其中的“第三十条”；“由所在单位或者有关单位依法给予行政处分”修改为“依法给予处分”。

（七）将相关条文中的“帐”修改为“账”。

三、修正《会计法》的意义

本次《会计法》的修正，具有重要意义和深远影响：一是进一步明确了会计工作应遵循的基本原则、应发挥的基础作用。这既是对党领导会计事业具体实践的历史性总结，也为我国未来持续推进会计改革与发展明确了根本方向。二是首次将会计信息化写入《会计法》，这是顺应数字经济发展的必然要求，既有利于加快推进会计工作数字化转型，支撑会计职能拓展，又为推进会计信息化高质量发展提供了坚实的法律基础；首次将内部控制写入《会计法》，既为各单位建立健全内部控制体系提供了坚实的法律基础，又有助于提高单位内部管理水平，加强廉政风险防控机制建设，推进国家治理体系和治理能力现代化；首次将信用记录写入《会计法》，这是顺应经济社会发展新形势新变化，全面贯彻落实党中央、国务院关于推进社会信用体系建设决策部署的具体举措，为加强会计诚信建设，推动信用记录互联互通提供了坚实的法律基础，有利于严格会计人员自我约束，进一步提升会计信息质量，推进国家治理体系和治理能力现代化。三是强调企业要严格按照国家统一的会计制度进行会计核算，更加凸显国家统一会计制度的刚性约束。这是顺应新时代经济社会发展的必然要求，有利于推动企业会计准则制度在各单位落地实施、全面提升企业会计信息质量。四是健全完善新时代会计工作组织方式，更好服务经济社会高质量发展。这是顺应经济社会发展新形势新变化，突出问题导向，坚持守正创新，对会计改革与发展实践过程中成熟的经验做法进行总结，固化上升为法律，健全完善了会计工作组织方式，有利于进一步提高会计信息质量、提升财会监督效能。五是加大法律责任追究力度，为防范遏制会计违法行为提供有力法治保障，对于进一步提高会计信息质量、维护社会主义市场经济秩序具有重要意义和深远影响。

四、新《会计法》的具体内容

中华人民共和国会计法[①]

第一章 总则

第一条 为了规范会计行为，保证会计资料真实、完整，加强经济管理和财务

① 中华人民共和国财政部．中华人民共和国会计法［EB/OL］．［2024-08-12］．https://kjs.mof.gov.cn/zt/kjfxcgc/kjfqw/202408/t20240814_3941788.htm.

管理，提高经济效益，维护社会主义市场经济秩序，制定本法。

第二条　会计工作应当贯彻落实党和国家路线方针政策、决策部署，维护社会公共利益，为国民经济和社会发展服务。

国家机关、社会团体、公司、企业、事业单位和其他组织（以下统称单位）必须依照本法办理会计事务。

第三条　各单位必须依法设置会计账簿，并保证其真实、完整。

第四条　单位负责人对本单位的会计工作和会计资料的真实性、完整性负责。

第五条　会计机构、会计人员依照本法规定进行会计核算，实行会计监督。

任何单位或者个人不得以任何方式授意、指使、强令会计机构、会计人员伪造、变造会计凭证、会计账簿和其他会计资料，提供虚假财务会计报告。

任何单位或者个人不得对依法履行职责、抵制违反本法规定行为的会计人员实行打击报复。

第六条　对认真执行本法，忠于职守，坚持原则，做出显著成绩的会计人员，给予精神的或者物质的奖励。

第七条　国务院财政部门主管全国的会计工作。

县级以上地方各级人民政府财政部门管理本行政区域内的会计工作。

第八条　国家实行统一的会计制度。国家统一的会计制度由国务院财政部门根据本法制定并公布。

国务院有关部门可以依照本法和国家统一的会计制度制定对会计核算和会计监督有特殊要求的行业实施国家统一的会计制度的具体办法或者补充规定，报国务院财政部门审核批准。

国家加强会计信息化建设，鼓励依法采用现代信息技术开展会计工作，具体办法由国务院财政部门会同有关部门制定。

第二章　会计核算

第九条　各单位必须根据实际发生的经济业务事项进行会计核算，填制会计凭证，登记会计账簿，编制财务会计报告。

任何单位不得以虚假的经济业务事项或者资料进行会计核算。

第十条　各单位应当对下列经济业务事项办理会计手续，进行会计核算：

（一）资产的增减和使用；

（二）负债的增减；

（三）净资产（所有者权益）的增减；

（四）收入、支出、费用、成本的增减；

（五）财务成果的计算和处理；

（六）需要办理会计手续、进行会计核算的其他事项。

第十一条　会计年度自公历1月1日起至12月31日止。

第十二条 会计核算以人民币为记账本位币。

业务收支以人民币以外的货币为主的单位，可以选定其中一种货币作为记账本位币，但是编报的财务会计报告应当折算为人民币。

第十三条 会计凭证、会计账簿、财务会计报告和其他会计资料，必须符合国家统一的会计制度的规定。

使用电子计算机进行会计核算的，其软件及其生成的会计凭证、会计账簿、财务会计报告和其他会计资料，也必须符合国家统一的会计制度的规定。

任何单位和个人不得伪造、变造会计凭证、会计账簿及其他会计资料，不得提供虚假的财务会计报告。

第十四条 会计凭证包括原始凭证和记账凭证。

办理本法第十条所列的经济业务事项，必须填制或者取得原始凭证并及时送交会计机构。

会计机构、会计人员必须按照国家统一的会计制度的规定对原始凭证进行审核，对不真实、不合法的原始凭证有权不予接受，并向单位负责人报告；对记载不准确、不完整的原始凭证予以退回，并要求按照国家统一的会计制度的规定更正、补充。

原始凭证记载的各项内容均不得涂改；原始凭证有错误的，应当由出具单位重开或者更正，更正处应当加盖出具单位印章。原始凭证金额有错误的，应当由出具单位重开，不得在原始凭证上更正。

记账凭证应当根据经过审核的原始凭证及有关资料编制。

第十五条 会计账簿登记，必须以经过审核的会计凭证为依据，并符合有关法律、行政法规和国家统一的会计制度的规定。会计账簿包括总账、明细账、日记账和其他辅助性账簿。

会计账簿应当按照连续编号的页码顺序登记。会计账簿记录发生错误或者隔页、缺号、跳行的，应当按照国家统一的会计制度规定的方法更正，并由会计人员和会计机构负责人（会计主管人员）在更正处盖章。

使用电子计算机进行会计核算的，其会计账簿的登记、更正，应当符合国家统一的会计制度的规定。

第十六条 各单位发生的各项经济业务事项应当在依法设置的会计账簿上统一登记、核算，不得违反本法和国家统一的会计制度的规定私设会计账簿登记、核算。

第十七条 各单位应当定期将会计账簿记录与实物、款项及有关资料相互核对，保证会计账簿记录与实物及款项的实有数额相符、会计账簿记录与会计凭证的有关内容相符、会计账簿之间相对应的记录相符、会计账簿记录与会计报表的有关内容相符。

第十八条　各单位采用的会计处理方法，前后各期应当一致，不得随意变更；确有必要变更的，应当按照国家统一的会计制度的规定变更，并将变更的原因、情况及影响在财务会计报告中说明。

第十九条　单位提供的担保、未决诉讼等或有事项，应当按照国家统一的会计制度的规定，在财务会计报告中予以说明。

第二十条　财务会计报告应当根据经过审核的会计账簿记录和有关资料编制，并符合本法和国家统一的会计制度关于财务会计报告的编制要求、提供对象和提供期限的规定；其他法律、行政法规另有规定的，从其规定。

向不同的会计资料使用者提供的财务会计报告，其编制依据应当一致。有关法律、行政法规规定财务会计报告须经注册会计师审计的，注册会计师及其所在的会计师事务所出具的审计报告应当随同财务会计报告一并提供。

第二十一条　财务会计报告应当由单位负责人和主管会计工作的负责人、会计机构负责人（会计主管人员）签名并盖章；设置总会计师的单位，还须由总会计师签名并盖章。

单位负责人应当保证财务会计报告真实、完整。

第二十二条　会计记录的文字应当使用中文。在民族自治地方，会计记录可以同时使用当地通用的一种民族文字。在中华人民共和国境内的外商投资企业、外国企业和其他外国组织的会计记录可以同时使用一种外国文字。

第二十三条　各单位对会计凭证、会计账簿、财务会计报告和其他会计资料应当建立档案，妥善保管。会计档案的保管期限、销毁、安全保护等具体管理办法，由国务院财政部门会同有关部门制定。

第二十四条　各单位进行会计核算不得有下列行为：

（一）随意改变资产、负债、净资产（所有者权益）的确认标准或者计量方法，虚列、多列、不列或者少列资产、负债、净资产（所有者权益）；

（二）虚列或者隐瞒收入，推迟或者提前确认收入；

（三）随意改变费用、成本的确认标准或者计量方法，虚列、多列、不列或者少列费用、成本；

（四）随意调整利润的计算、分配方法，编造虚假利润或者隐瞒利润；

（五）违反国家统一的会计制度规定的其他行为。

第三章　会计监督

第二十五条　各单位应当建立、健全本单位内部会计监督制度，并将其纳入本单位内部控制制度。单位内部会计监督制度应当符合下列要求：

（一）记账人员与经济业务事项和会计事项的审批人员、经办人员、财物保管人员的职责权限应当明确，并相互分离、相互制约；

（二）重大对外投资、资产处置、资金调度和其他重要经济业务事项的决策和执行的相互监督、相互制约程序应当明确；

（三）财产清查的范围、期限和组织程序应当明确；

（四）对会计资料定期进行内部审计的办法和程序应当明确；

（五）国务院财政部门规定的其他要求。

第二十六条 单位负责人应当保证会计机构、会计人员依法履行职责，不得授意、指使、强令会计机构、会计人员违法办理会计事项。

会计机构、会计人员对违反本法和国家统一的会计制度规定的会计事项，有权拒绝办理或者按照职权予以纠正。

第二十七条 会计机构、会计人员发现会计账簿记录与实物、款项及有关资料不相符的，按照国家统一的会计制度的规定有权自行处理的，应当及时处理；无权处理的，应当立即向单位负责人报告，请求查明原因，作出处理。

第二十八条 任何单位和个人对违反本法和国家统一的会计制度规定的行为，有权检举。收到检举的部门有权处理的，应当依法按照职责分工及时处理；无权处理的，应当及时移送有权处理的部门处理。收到检举的部门、负责处理的部门应当为检举人保密，不得将检举人姓名和检举材料转给被检举单位和被检举人个人。

第二十九条 有关法律、行政法规规定，须经注册会计师进行审计的单位，应当向受委托的会计师事务所如实提供会计凭证、会计账簿、财务会计报告和其他会计资料以及有关情况。

任何单位或者个人不得以任何方式要求或者示意注册会计师及其所在的会计师事务所出具不实或者不当的审计报告。

财政部门有权对会计师事务所出具审计报告的程序和内容进行监督。

第三十条 财政部门对各单位的下列情况实施监督：

（一）是否依法设置会计账簿；

（二）会计凭证、会计账簿、财务会计报告和其他会计资料是否真实、完整；

（三）会计核算是否符合本法和国家统一的会计制度的规定；

（四）从事会计工作的人员是否具备专业能力、遵守职业道德。

在对前款第（二）项所列事项实施监督，发现重大违法嫌疑时，国务院财政部门及其派出机构可以向与被监督单位有经济业务往来的单位和被监督单位开立账户的金融机构查询有关情况，有关单位和金融机构应当给予支持。

第三十一条 财政、审计、税务、金融管理等部门应当依照有关法律、行政法规规定的职责，对有关单位的会计资料实施监督检查，并出具检查结论。

财政、审计、税务、金融管理等部门应当加强监督检查协作，有关监督检查部门已经作出的检查结论能够满足其他监督检查部门履行本部门职责需要的，其他监督检查部门应当加以利用，避免重复查账。

第三十二条 依法对有关单位的会计资料实施监督检查的部门及其工作人员对

在监督检查中知悉的国家秘密、工作秘密、商业秘密、个人隐私、个人信息负有保密义务。

第三十三条　各单位必须依照有关法律、行政法规的规定，接受有关监督检查部门依法实施的监督检查，如实提供会计凭证、会计账簿、财务会计报告和其他会计资料以及有关情况，不得拒绝、隐匿、谎报。

第四章　会计机构和会计人员

第三十四条　各单位应当根据会计业务的需要，依法采取下列一种方式组织本单位的会计工作：

（一）设置会计机构；

（二）在有关机构中设置会计岗位并指定会计主管人员；

（三）委托经批准设立从事会计代理记账业务的中介机构代理记账；

（四）国务院财政部门规定的其他方式。

国有的和国有资本占控股地位或者主导地位的大、中型企业必须设置总会计师。总会计师的任职资格、任免程序、职责权限由国务院规定。

第三十五条　会计机构内部应当建立稽核制度。

出纳人员不得兼任稽核、会计档案保管和收入、支出、费用、债权债务账目的登记工作。

第三十六条　会计人员应当具备从事会计工作所需要的专业能力。

担任单位会计机构负责人（会计主管人员）的，应当具备会计师以上专业技术职务资格或者从事会计工作三年以上经历。

本法所称会计人员的范围由国务院财政部门规定。

第三十七条　会计人员应当遵守职业道德，提高业务素质，严格遵守国家有关保密规定。对会计人员的教育和培训工作应当加强。

第三十八条　因有提供虚假财务会计报告，做假账，隐匿或者故意销毁会计凭证、会计账簿、财务会计报告，贪污，挪用公款，职务侵占等与会计职务有关的违法行为被依法追究刑事责任的人员，不得再从事会计工作。

第三十九条　会计人员调动工作或者离职，必须与接管人员办清交接手续。

一般会计人员办理交接手续，由会计机构负责人（会计主管人员）监交；会计机构负责人（会计主管人员）办理交接手续，由单位负责人监交，必要时主管单位可以派人会同监交。

第五章　法律责任

第四十条　违反本法规定，有下列行为之一的，由县级以上人民政府财政部门责令限期改正，给予警告、通报批评，对单位可以并处二十万元以下的罚款，对其直接负责的主管人员和其他直接责任人员可以处五万元以下的罚款；情节严重的，对单位可以并处二十万元以上一百万元以下的罚款，对其直接负责的主管人员和其他直接责任人员可以处五万元以上五十万元以下的罚款；属于公职人员的，还应当依法给予处分：

（一）不依法设置会计账簿的；

（二）私设会计账簿的；

（三）未按照规定填制、取得原始凭证或者填制、取得的原始凭证不符合规定的；

（四）以未经审核的会计凭证为依据登记会计账簿或者登记会计账簿不符合规定的；

（五）随意变更会计处理方法的；

（六）向不同的会计资料使用者提供的财务会计报告编制依据不一致的；

（七）未按照规定使用会计记录文字或者记账本位币的；

（八）未按照规定保管会计资料，致使会计资料毁损、灭失的；

（九）未按照规定建立并实施单位内部会计监督制度或者拒绝依法实施的监督或者不如实提供有关会计资料及有关情况的；

（十）任用会计人员不符合本法规定的。

有前款所列行为之一，构成犯罪的，依法追究刑事责任。

会计人员有第一款所列行为之一，情节严重的，五年内不得从事会计工作。

有关法律对第一款所列行为的处罚另有规定的，依照有关法律的规定办理。

第四十一条　伪造、变造会计凭证、会计账簿，编制虚假财务会计报告，隐匿或者故意销毁依法应当保存的会计凭证、会计账簿、财务会计报告的，由县级以上人民政府财政部门责令限期改正，给予警告、通报批评，没收违法所得，违法所得二十万元以上的，对单位可以并处违法所得一倍以上十倍以下的罚款，没有违法所得或者违法所得不足二十万元的，可以并处二十万元以上二百万元以下的罚款；对其直接负责的主管人员和其他直接责任人员可以处十万元以上五十万元以下的罚款，情节严重的，可以处五十万元以上二百万元以下的罚款；属于公职人员的，还应当依法给予处分；其中的会计人员，五年内不得从事会计工作；构成犯罪的，依法追究刑事责任。

第四十二条　授意、指使、强令会计机构、会计人员及其他人员伪造、变造会计凭证、会计账簿，编制虚假财务会计报告或者隐匿、故意销毁依法应当保存的会计凭证、会计账簿、财务会计报告的，由县级以上人民政府财政部门给予警告、通报批评，可以并处二十万元以上一百万元以下的罚款；情节严重的，可以并处一百万元以上五百万元以下的罚款；属于公职人员的，还应当依法给予处分；构成犯罪的，依法追究刑事责任。

第四十三条　单位负责人对依法履行职责、抵制违反本法规定行为的会计人员以降级、撤职、调离工作岗位、解聘或者开除等方式实行打击报复的，依法给予处分；构成犯罪的，依法追究刑事责任。对受打击报复的会计人员，应当恢复其名誉和原有职务、级别。

第四十四条　财政部门及有关行政部门的工作人员在实施监督管理中滥用职权、玩忽职守、徇私舞弊或者泄露国家秘密、工作秘密、商业秘密、个人隐私、个人信息的，依法给予处分；构成犯罪的，依法追究刑事责任。

第四十五条　违反本法规定，将检举人姓名和检举材料转给被检举单位和被检举人个人的，依法给予处分。

第四十六条　违反本法规定，但具有《中华人民共和国行政处罚法》规定的从轻、减轻或者不予处罚情形的，依照其规定从轻、减轻或者不予处罚。

第四十七条　因违反本法规定受到处罚的，按照国家有关规定记入信用记录。

违反本法规定，同时违反其他法律规定的，由有关部门在各自职权范围内依法进行处罚。

第六章　附则

第四十八条　本法下列用语的含义：

单位负责人，是指单位法定代表人或者法律、行政法规规定代表单位行使职权的主要负责人。

国家统一的会计制度，是指国务院财政部门根据本法制定的关于会计核算、会计监督、会计机构和会计人员以及会计工作管理的制度。

第四十九条　中央军事委员会有关部门可以依照本法和国家统一的会计制度制定军队实施国家统一的会计制度的具体办法，抄送国务院财政部门。

第五十条　个体工商户会计管理的具体办法，由国务院财政部门根据本法的原则另行规定。

第五十一条　本法自2000年7月1日起施行。

第三节　会计准则体系

会计准则体系是指由财政部制定的，用以规范各行业会计核算文件的总称。会计准则体系是反映经济活动、确认产权关系、规范收益分配的会计技术标准，是生成和提供会计信息的重要依据，也是政府调控经济活动、规范经济秩序和开展国际经济交往等的重要手段，同时也是会计法律体系中“会计部门规章”的核心内容，是进行会计核算必须遵循的标准和原则，任何从事会计核算的人员都要认真学习会计准则，否则，就不可能做好自己的本职工作。

会计准则体系作为技术规范，有着严格的结构和层次。中国会计准则体系，目前可以分为企业会计准则体系、小企业会计准则体系、事业单位会计准则体系、政府会计准则体系四部分。

一、企业会计准则体系

我国企业会计准则体系包括四部分内容：基本准则、具体准则、会计准则应用指南、企业会计准则解释（讲解）。财政部于2006年2月15日，根据《会计法》，发布了《企业会计准则——基本准则》及38项具体准则，并于2006年10月30日发布了32项应用指南，自2007年1月1日起在上市公司范围内施行，并鼓励其他企业执行。在2007年财政部又印发了企业会计准则讲解，标志着我国企业会计准则体系正式形成。2014年至2020年财政部对部分准则进行了修订，2014年增加发布了3个具体准则和应用指南及企业会计准则相关解释，2017年财政部又发布了1个具体准则，2018年增加了其应用指南，2020年修订了1个具体准则。至此，我国企业会计准则体系由1个基本准则，42个具体准则和36个应用指南以及企业会计准则解释组成。

（一）企业会计准则——基本准则

在企业会计准则体系中，基本准则属于部门规章，第一部基本准则由时任财政部部长刘仲藜于1992年11月以第5号部长令签发，于1993年7月1日正式在全国实施。十几年之后，根据形势发展的需要，基本准则作了重大修订，由时任财政部部长金人庆于2006年2月15日以第33号部长令签发，并于2007年7月1日起在上市公司施行。2014年7月23日，财政部发布《财政部关于修改〈企业会计准则——基本准则〉的决定》，将《企业会计准则——基本准则》第四十二条第五项修改为："在公允价值计量下，资产和负债按照市场参与者在计量日发生的有序交易中，出售资产所能收到或者转移负债所需支付的价格计量。"其余内容均无变化。

1.基本准则规范的主要内容

我国基本准则的制定吸收了当代财务会计理论研究的最新成果，反映了当前会计实务发展的内在需要，体现了国际财务会计概念框架的发展动态，构建起了完整、统一的财务会计概念体系，它规范的核心内容包括以下六个方面：

一是关于财务报告目标。基本准则明确了我国财务报告的目标是向财务报告使用者提供决策有用的信息，并反映管理层受托责任的履行情况。

二是关于会计基本假设。基本准则强调了企业会计确认、计量和报告应当以会计主体、持续经营、会计分期和货币计量为会计基本假设。

三是关于会计基础。基本准则坚持了企业会计确认、计量和报告应当以权责发生制为基础。

四是关于会计信息质量要求。基本准则建立了企业会计信息质量要求体系，规定企业财务报告中提供的会计信息质量应当满足会计信息质量要求。

五是关于会计要素分类及其确认、计量原则。基本准则将会计要素分为资产、负债、所有者权益、收入、费用、利润六个要素，同时对有关要素建立了相应的确认和计量原则，规定会计要素在确认时均应满足相应条件。会计要素在计量时可供选择的计量属性包括历史成本、重置成本、可变现净值、现值和公允价值等。

六是关于财务报告。基本准则明确了财务报告的基本概念、应当包括的主要内容和反映信息的基本要求等。

2.基本准则的作用

基本准则在企业会计准则体系中具有重要地位，其主要作用如下：

一是确定了会计核算的标准和原则。基本准则使会计核算有章可循，有法可依。

二是统驭具体准则的制定。在企业会计准则体系建设中，各项具体准则都明确规定按照基本准则的要求进行制定和完善。

三是为会计实务中出现的、具体准则尚未规范的新问题提供会计处理依据。在会计实务中，由于经济交易事项的不断发展、创新，一些新的交易或者事项在具体准则中尚未规范但又急需处理，这时，企业不仅应当对这些新的交易或者事项及时进行会计处理，而且在处理时应当严格遵循基本准则的要求，尤其是基本准则关于会计要素的定义及确认与计量等方面的规定进行会计处理，从而确保了企业会计准则体系对所有会计实务问题的规范作用。

3.基本准则的具体内容

企业会计准则——基本准则[①]

第一章　总则

第一条　为了规范企业会计确认、计量和报告行为，保证会计信息质量，根据《中华人民共和国会计法》和其他有关法律、行政法规，制定本准则。

第二条　本准则适用于在中华人民共和国境内设立的企业（包括公司，下同）。

第三条　企业会计准则包括基本准则和具体准则，具体准则的制定应当遵循本准则。

第四条　企业应当编制财务会计报告（又称财务报告，下同）。财务会计报告的目标是向财务会计报告使用者提供与企业财务状况、经营成果和现金流量等有关的会计信息，反映企业管理层受托责任履行情况，有助于财务会计报告使用者作出经济决策。

财务会计报告使用者包括投资者、债权人、政府及其有关部门和社会公众等。

第五条　企业应当对其本身发生的交易或者事项进行会计确认、计量和报告。

第六条　企业会计确认、计量和报告应当以持续经营为前提。

第七条　企业应当划分会计期间，分期结算账目和编制财务会计报告。

会计期间分为年度和中期。中期是指短于一个完整的会计年度的报告期间。

---

① 财政部. 关于修改《企业会计准则——基本准则》的决定［J/OL］.［2014-07-29］. http://tfs.mof.gov.cn/caizhengbuling/201407/t20140729_1119494.htm.

第八条　企业会计应当以货币计量。

第九条　企业应当以权责发生制为基础进行会计确认、计量和报告。

第十条　企业应当按照交易或者事项的经济特征确定会计要素。会计要素包括资产、负债、所有者权益、收入、费用和利润。

第十一条　企业应当采用借贷记账法记账。

第二章　会计信息质量要求

第十二条　企业应当以实际发生的交易或者事项为依据进行会计确认、计量和报告，如实反映符合确认和计量要求的各项会计要素及其他相关信息，保证会计信息真实可靠、内容完整。

第十三条　企业提供的会计信息应当与财务会计报告使用者的经济决策需要相关，有助于财务会计报告使用者对企业过去、现在或者未来的情况作出评价或者预测。

第十四条　企业提供的会计信息应当清晰明了，便于财务会计报告使用者理解和使用。

第十五条　企业提供的会计信息应当具有可比性。

同一企业不同时期发生的相同或者相似的交易或者事项，应当采用一致的会计政策，不得随意变更。确需变更的，应当在附注中说明。

不同企业发生的相同或者相似的交易或者事项，应当采用规定的会计政策，确保会计信息口径一致、相互可比。

第十六条　企业应当按照交易或者事项的经济实质进行会计确认、计量和报告，不应仅以交易或者事项的法律形式为依据。

第十七条　企业提供的会计信息应当反映与企业财务状况、经营成果和现金流量等有关的所有重要交易或者事项。

第十八条　企业对交易或者事项进行会计确认、计量和报告应当保持应有的谨慎，不应高估资产或者收益、低估负债或者费用。

第十九条　企业对于已经发生的交易或者事项，应当及时进行会计确认、计量和报告，不得提前或者延后。

第三章　资产

第二十条　资产是指企业过去的交易或者事项形成的、由企业拥有或者控制的、预期会给企业带来经济利益的资源。

前款所指的企业过去的交易或者事项包括购买、生产、建造行为或其他交易或者事项。预期在未来发生的交易或者事项不形成资产。

由企业拥有或者控制，是指企业享有某项资源的所有权，或者虽然不享有某项资源的所有权，但该资源能被企业所控制。

预期会给企业带来经济利益，是指直接或者间接导致现金和现金等价物流入企业的潜力。

第二十一条　符合本准则第二十条规定的资产定义的资源，在同时满足以下条件时，确认为资产：

（一）与该资源有关的经济利益很可能流入企业；

（二）该资源的成本或者价值能够可靠地计量。

第二十二条　符合资产定义和资产确认条件的项目，应当列入资产负债表；符合资产定义、但不符合资产确认条件的项目，不应当列入资产负债表。

第四章　负债

第二十三条　负债是指企业过去的交易或者事项形成的、预期会导致经济利益流出企业的现时义务。

现时义务是指企业在现行条件下已承担的义务。未来发生的交易或者事项形成的义务，不属于现时义务，不应当确认为负债。

第二十四条　符合本准则第二十三条规定的负债定义的义务，在同时满足以下条件时，确认为负债：

（一）与该义务有关的经济利益很可能流出企业；

（二）未来流出的经济利益的金额能够可靠地计量。

第二十五条　符合负债定义和负债确认条件的项目，应当列入资产负债表；符合负债定义、但不符合负债确认条件的项目，不应当列入资产负债表。

第五章　所有者权益

第二十六条　所有者权益是指企业资产扣除负债后由所有者享有的剩余权益。

公司的所有者权益又称为股东权益。

第二十七条　所有者权益的来源包括所有者投入的资本、直接计入所有者权益的利得和损失、留存收益等。

直接计入所有者权益的利得和损失，是指不应计入当期损益、会导致所有者权益发生增减变动的、与所有者投入资本或者向所有者分配利润无关的利得或者损失。

利得是指由企业非日常活动所形成的、会导致所有者权益增加的、与所有者投入资本无关的经济利益的流入。

损失是指由企业非日常活动所发生的、会导致所有者权益减少的、与向所有者分配利润无关的经济利益的流出。

第二十八条　所有者权益金额取决于资产和负债的计量。

第二十九条　所有者权益项目应当列入资产负债表。

第六章　收入

第三十条　收入是指企业在日常活动中形成的、会导致所有者权益增加的、与所有者投入资本无关的经济利益的总流入。

第三十一条　收入只有在经济利益很可能流入从而导致企业资产增加或者负债减少、且经济利益的流入额能够可靠计量时才能予以确认。

第三十二条　符合收入定义和收入确认条件的项目，应当列入利润表。

第七章　费用

第三十三条　费用是指企业在日常活动中发生的、会导致所有者权益减少的、与向所有者分配利润无关的经济利益的总流出。

第三十四条　费用只有在经济利益很可能流出从而导致企业资产减少或者负债增加、且经济利益的流出额能够可靠计量时才能予以确认。

第三十五条　企业为生产产品、提供劳务等发生的可归属于产品成本、劳务成本等的费用，应当在确认产品销售收入、劳务收入等时，将已销售产品、已提供劳务的成本等计入当期损益。

企业发生的支出不产生经济利益的，或者即使能够产生经济利益但不符合或者不再符合资产确认条件的，应当在发生时确认为费用，计入当期损益。

企业发生的交易或者事项导致其承担了一项负债而又不确认为一项资产的，应当在发生时确认为费用，计入当期损益。

第三十六条　符合费用定义和费用确认条件的项目，应当列入利润表。

第八章　利润

第三十七条　利润是指企业在一定会计期间的经营成果。利润包括收入减去费用后的净额、直接计入当期利润的利得和损失等。

第三十八条　直接计入当期利润的利得和损失，是指应当计入当期损益、会导致所有者权益发生增减变动的、与所有者投入资本或者向所有者分配利润无关的利得或者损失。

第三十九条　利润金额取决于收入和费用、直接计入当期利润的利得和损失金额的计量。

第四十条　利润项目应当列入利润表。

第九章　会计计量

第四十一条　企业在将符合确认条件的会计要素登记入账并列报于会计报表及其附注（又称财务报表，下同）时，应当按照规定的会计计量属性进行计量，确定其金额。

第四十二条　会计计量属性主要包括：

（一）历史成本。在历史成本计量下，资产按照购置时支付的现金或者现金等价物的金额，或者按照购置资产时所付出的对价的公允价值计量。负债按照因承担现时义务而实际收到的款项或者资产的金额，或者承担现时义务的合同金额，或者按照日常活动中为偿还负债预期需要支付的现金或者现金等价物的金额计量。

（二）重置成本。在重置成本计量下，资产按照现在购买相同或者相似资产所需支付的现金或者现金等价物的金额计量。负债按照现在偿付该项债务所需支付的现金或者现金等价物的金额计量。

（三）可变现净值。在可变现净值计量下，资产按照其正常对外销售所能收到现金或者现金等价物的金额扣减该资产至完工时估计将要发生的成本、估计的销售费用以及相关税费后的金额计量。

（四）现值。在现值计量下，资产按照预计从其持续使用和最终处置中所产生的未来净现金流入量的折现金额计量。负债按照预计期限内需要偿还的未来净现金流出量的折现金额计量。

（五）公允价值。在公允价值计量下，资产和负债按照市场参与者在计量日发生的有序交易中，出售资产所能收到或者转移负债所需支付的价格计量。

第四十三条　企业在对会计要素进行计量时，一般应当采用历史成本，采用重置成本、可变现净值、现值、公允价值计量的，应当保证所确定的会计要素金额能够取得并可靠计量。

第十章　财务会计报告

第四十四条　财务会计报告是指企业对外提供的反映企业某一特定日期的财务状况和某一会计期间的经营成果、现金流量等会计信息的文件。

财务会计报告包括会计报表及其附注和其他应当在财务会计报告中披露的相关信息和资料。会计报表至少应当包括资产负债表、利润表、现金流量表等报表。

小企业编制的会计报表可以不包括现金流量表。

第四十五条　资产负债表是指反映企业在某一特定日期的财务状况的会计报表。

第四十六条　利润表是指反映企业在一定会计期间的经营成果的会计报表。

第四十七条　现金流量表是指反映企业在一定会计期间的现金和现金等价物流入和流出的会计报表。

第四十八条　附注是指对在会计报表中列示项目所作的进一步说明，以及对未能在这些报表中列示项目的说明等。

第十一章　附则

第四十九条　本准则由财政部负责解释。

第五十条　本准则自2007年1月1日起施行。

（二）企业会计准则——具体准则

具体准则是在基本准则的指导下，处理会计具体业务的规范。其具体内容可分为一般业务准则、特殊行业和特殊业务准则、财务报告准则三大类。

（1）一般业务准则是规范普遍适用的一般经济业务的确认、计量要求，如存货、固定资产、无形资产、职工薪酬、所得税等。

（2）特殊行业和特殊业务准则是对特殊行业的特定业务的会计问题做出的处理

规范，如生物资产、金融资产转移、套期保值、原保险合同、合并会计报表等。

（3）财务会计报告准则主要规范各类企业通用的报告类准则，如财务报表列报、现金流量表、合并财务报表、中期财务报告、分部报告等。

目前已经发布的42个具体准则见表3-1：

表3-1 企业会计准则——具体准则列表

准则名称	应用指南	初次实施日期	修正或修订日期
《企业会计准则第1号——存货》	有	2007年1月	
《企业会计准则第2号——长期股权投资》	有	2007年1月	2014年7月
《企业会计准则第3号——投资性房地产》	有	2007年1月	
《企业会计准则第4号——固定资产》	有	2007年1月	
《企业会计准则第5号——生物资产》	有	2007年1月	
《企业会计准则第6号——无形资产》	有	2007年1月	
《企业会计准则第7号——非货币性资产交换》	有	2007年1月	2019年5月
《企业会计准则第8号——资产减值》	有	2007年1月	
《企业会计准则第9号——职工薪酬》	有	2007年1月	2014年7月
《企业会计准则第10号——企业年金基金》	有	2007年1月	
《企业会计准则第11号——股份支付》	有	2007年1月	
《企业会计准则第12号——债务重组》	有	2007年1月	2019年5月
《企业会计准则第13号——或有事项》	有	2007年1月	
《企业会计准则第14号——收入》	有	2007年1月	2017年7月
《企业会计准则第15号——建造合同》		2007年1月	
《企业会计准则第16号——政府补助》	有	2007年1月	2017年5月
《企业会计准则第17号——借款费用》	有	2007年1月	
《企业会计准则第18号——所得税》	有	2007年1月	
《企业会计准则第19号——外币折算》	有	2007年1月	
《企业会计准则第20号——企业合并》	有	2007年1月	
《企业会计准则第21号——租赁》	有	2007年1月	2018年12月
《企业会计准则第22号——金融工具确认和计量》	有	2007年1月	2017年3月
《企业会计准则第23号——金融资产转移》	有	2007年1月	2017年3月
《企业会计准则第24号——套期会计》	有	2007年1月	2017年3月

续表

准则名称	应用指南	初次实施日期	修正或修订日期
《企业会计准则第25号——保险合同》		2007年1月	2020年12月
《企业会计准则第26号——再保险合同》		2007年1月	2026年起不再执行
《企业会计准则第27号——石油天然气开采》	有	2007年1月	
《企业会计准则第28号——会计政策、会计估计变更和差错更正》	有	2007年1月	
《企业会计准则第29号——资产负债表日后事项》		2007年1月	
《企业会计准则第30号——财务报表列报》	有	2007年1月	2014年7月
《企业会计准则第31号——现金流量表》	有	2007年1月	
《企业会计准则第32号——中期财务报告》		2007年1月	
《企业会计准则第33号——合并财务报表》	有	2007年1月	2014年7月
《企业会计准则第34号——每股收益》	有	2007年1月	
《企业会计准则第35号——分部报告》	有	2007年1月	
《企业会计准则第36号——关联方披露》		2007年1月	
《企业会计准则第37号——金融工具列报》	有	2007年1月	2017年5月
《企业会计准则第38号——首次执行企业会计准则》	有	2007年1月	
《企业会计准则第39号——公允价值计量》	有	2014年7月	
《企业会计准则第40号——合营安排》	有	2014年7月	
《企业会计准则第41号——在其他主体中权益的披露》	有	2014年7月	
《企业会计准则第42号——持有待售的非流动资产、处置组和终止经营》	有	2017年5月	

（三）企业会计准则——应用指南

2006年10月30日，财政部印发了《企业会计准则——应用指南》（财会〔2006〕18号），自2007年1月1日起在上市公司范围内施行，鼓励其他企业执行。其内容是当年发布的38项具体准则中的32项具体准则对应的32项应用指南。2014年对企业会计准则具体准则第2号、第9号、第30号、第33号、第37号进行修订，并接着发布了具体准则第39号、第40号、第41号的应用指南，2017年又对具体准则第14号、第16号、第22号、第23号、第24号进行修订，对第37号再次进行修订，发布了具体准则第42号，随后于2018年6月修订（发布）了相应的应用指南。截至2018年共发布36个具体准则的应用指南见表3-2。

表3-2 企业会计准则——应用指南

序号	应用指南名称	发布时间	修订时间
1	《企业会计准则第1号——存货》应用指南	2006年	
2	《企业会计准则第2号——长期股权投资》应用指南	2006年	2014年
3	《企业会计准则第3号——投资性房地产》应用指南	2006年	
4	《企业会计准则第4号——固定资产》应用指南	2006年	
5	《企业会计准则第5号——生物资产》应用指南	2006年	
6	《企业会计准则第6号——无形资产》应用指南	2006年	
7	《企业会计准则第7号——非货币性资产交换》应用指南	2006年	2020年
8	《企业会计准则第8号——资产减值》应用指南	2006年	
9	《企业会计准则第9号——职工薪酬》应用指南	2006年	2014年
10	《企业会计准则第10号——企业年金基金》应用指南	2006年	
11	《企业会计准则第11号——股份支付》应用指南	2006年	
12	《企业会计准则第12号——债务重组》应用指南	2006年	2020年
13	《企业会计准则第13号——或有事项》应用指南	2006年	
14	《企业会计准则第14号——收入》应用指南	2006年	2018年7月
15	《企业会计准则第16号——政府补助》应用指南	2006年	2018年7月
16	《企业会计准则第17号——借款费用》应用指南	2006年	
17	《企业会计准则第18号——所得税》应用指南	2006年	
18	《企业会计准则第19号——外币折算》应用指南	2006年	
19	《企业会计准则第20号——企业合并》应用指南	2006年	
20	《企业会计准则第21号——租赁》应用指南	2006年	
21	《企业会计准则第22号——金融工具确认和计量》应用指南	2006年	2018年7月
22	《企业会计准则第23号——金融资产转移》应用指南	2006年	2018年6月
23	《企业会计准则第24号——套期会计》应用指南	2006年	2018年6月
24	《企业会计准则第27号——石油天然气开采》应用指南	2006年	
25	《企业会计准则第28号——会计政策、会计估计变更和差错更正》应用指南	2006年	
26	《企业会计准则第30号——财务报表列报》应用指南	2006年	2014年
27	《企业会计准则第31号——现金流量表》应用指南	2006年	
28	《企业会计准则第33号——合并财务报表》应用指南	2006年	2014年

续表

序号	应用指南名称	发布时间	修订时间
29	《企业会计准则第34号——每股收益》应用指南	2006年	
30	《企业会计准则第35号——分部报告》应用指南	2006年	
31	《企业会计准则第37号——金融工具列报》应用指南	2006年	2018年6月
32	《企业会计准则第38号——首次执行企业会计准则》应用指南	2006年	
33	《企业会计准则第39号——公允价值计量》应用指南	2014年	
34	《企业会计准则第40号——合营安排》应用指南	2014年	
35	《企业会计准则第41号——在其他主体中权益的披露》应用指南	2014年	
36	《企业会计准则第42号——持有待售的非流动资产、处置组和终止经营》应用指南	2018年6月	

应用指南从不同角度对企业具体准则进行强化，解决实务操作问题，包括具体准则解释部分、会计科目和财务报表部分。

（四）企业会计准则解释

在2006年企业会计准则基本准则、具体准则、应用指南发布之后，财政部又陆续发布了《企业会计准则解释》，至2021年12月31日止，共发布了第1号至第15号。

上述企业会计准则基本准则、具体准则、应用指南和解释四个方面，依次自上而下形成企业会计准则的四个层次，构成我国的企业会计准则体系，并具有法律、法规的效力，在全国范围内（港、澳、台除外）强制执行。

二、小企业会计准则体系

为了规范小企业会计确认、计量和报告行为，促进小企业可持续发展，发挥小企业在国民经济和社会发展中的重要作用，根据《会计法》及其他相关法律、法规，财政部于2011年10月18日发布了《小企业会计准则》，自2013年1月1日起施行。本准则适用于在中华人民共和国境内依法设立的、符合《中小企业划型标准规定》所规定的小型企业标准的企业，下列三类小企业除外：股票或债券在市场上公开交易的小企业；金融机构或其他具有金融性质的小企业；企业集团内的母公司和子公司。符合《中小企业划型标准规定》所规定的微型企业标准的企业参照执行本准则。本准则内容涵盖总则、资产、负债、所有者权益、收入、费用、利润及利润分配、外币业务、财务报表和附则。

三、事业单位会计准则体系

为了规范事业单位的会计核算，保证会计信息质量，促进公益事业健康发展，根据《会计法》等有关法律、行政法规，财政部于2012年12月6日发布了修订后的《事业单位会计准则》，自2013年1月1日起施行。本准则适用于各级各类事业单位，纳入企业财务管理体系的事业单位执行企业会计准则或小企业会计准则；参照公务员法管理的事业单位对本准则的适用情况，由财政部另行规定。本准则内容涵盖总则、会计信息质量要求、资产、负债、净资产、收入、支出或者费用、财务会计报告和附则。

四、政府会计准则体系

为了规范政府的会计核算，保证会计信息质量，根据《会计法》《中华人民共和国预算法》和其他有关法律、行政法规，财政部于2015年10月发布了《政府会计准则——基本准则》，自2017年1月1日起施行。本准则适用于各级政府、各部门、各单位（以下统称政府会计主体）。军队、已纳入企业财务管理体系的单位和执行《民间非营利组织会计制度》的社会团体，不适用本准则。本准则内容涵盖总则、政府会计信息质量要求、政府预算会计要素、政府财务会计要素、政府决算报告和财务报告和附则。

为了适应权责发生制政府综合财务报告制度改革需要，规范政府会计核算，提高会计信息质量，根据《政府会计准则——基本准则》，财政部于2016年7月至2020年12月先后发布了10项具体准则、2项应用指南、1项统一的政府会计制度和3项解释。10项具体准则详情见表3-3。

表3-3 政府会计准则列表

准则名称	发布日期	实施日期
《政府会计准则——基本准则》	2015年10月23日	2017年1月1日
《政府会计准则第1号——存货》	2016年7月6日	2017年1月1日
《政府会计准则第2号——投资》	2016年7月6日	2017年1月1日
《政府会计准则第3号——固定资产》	2016年7月6日	2017年1月1日
《政府会计准则第4号——无形资产》	2016年7月6日	2017年1月1日
《政府会计准则第5号——公共基础设施》	2017年4月17日	2018年1月1日
《政府会计准则第6号——政府储备物资》	2017年7月28日	2018年1月1日
《政府会计准则第7号——会计调整》	2018年10月21日	2019年1月1日
《政府会计准则第8号——负债》	2018年11月9日	2019年1月1日
《政府会计准则第9号——财务报表编制和列报》	2018年12月26日	2019年1月1日
《政府会计准则第10号——政府和社会资本合作项目合同》	2019年12月17日	2021年1月1日

第四节 会计专业技术人员继续教育规定

《会计专业技术人员继续教育规定》属于会计法律体系中的“部门规章”，新修正的《会计法》取消了会计从业资格的认定，即取消了会计从业资格考试，并不是降低会计从业的门槛，而是为了贯彻落实国务院“放管服”要求，降低人才负担和制度成本，同时也是为了适应“互联网+”时代会计变革的需求，从会计门槛证书调整开始，过滤掉那批考出从业资格证书却没有从业能力的人。为保证会计从业人员的质量，会计专业技术人员继续教育就显得越来越重要，因此，财政部废除了2013年8月27日印发的《会计人员继续教育规定》（财会〔2013〕18号），重新制定了《会计专业技术人员继续教育规定》（以下简称“继续教育”），于2018年5月19日发布，自2018年7月1日起施行。“继续教育”内容包括公需科目和专业科目。公需科目包括专业技术人员应当普遍掌握的法律法规、政策理论、职业道德、技术信息等基本知识，专业科目包括会计专业技术人员从事会计工作应当掌握的财务会计、管理会计、财务管理、内部控制与风险管理、会计信息化、会计职业道德、财税金融、会计法律法规等相关专业知识。继续教育不仅涵盖了会计从业资格考试的全部内容，还增加了许多新内容，如管理会计、财务管理、内部控制与风险管理等，并作为一项会计法规要求会计从业人员去执行，可见，会计从业门槛不是降低了，而是提高了。

《会计专业技术人员继续教育规定》共七章，第一至七章分别是：总则、管理体制、内容与形式、学分管理、会计继续教育机构管理、考核与评价和附则，共二十七条，详细内容如下：

会计专业技术人员继续教育规定[①]

第一章　总则

第一条　为了规范会计专业技术人员继续教育，保障会计专业技术人员合法权益，不断提高会计专业技术人员素质，根据《中华人民共和国会计法》和《专业技术人员继续教育规定》（人力资源社会保障部令第25号），制定本规定。

第二条　国家机关、企业、事业单位以及社会团体等组织（以下称单位）具有会计专业技术资格的人员，或不具有会计专业技术资格但从事会计工作的人员（以下简称会计专业技术人员）继续教育，适用本规定。

第三条　会计专业技术人员继续教育应当紧密结合经济社会和会计行业发展要求，以能力建设为核心，突出针对性、实用性，兼顾系统性、前瞻性，为经济社会和会计行业发展提供人才保证和智力支持。

第四条　会计专业技术人员继续教育工作应当遵循下列基本原则：

（一）以人为本，按需施教。会计专业技术人员继续教育面向会计专业技术人员，引导会计专业技术人员更新知识、拓展技能，完善知识结构、全面提高素质。

（二）突出重点，提高能力。把握会计行业发展趋势和会计专业技术人员从业基本要求，引导会计专业技术人员树立诚信理念、提高职业道德和业务素质，全面提升专业胜任能力。

---

① 财政部，人力资源和社会保障部. 关于印发《会计专业技术人员继续教育规定》的通知［J/OL］.［2018-05-19］. http://kjs.mof.gov.cn/zhengcefabu/201805/t20180524_2907980.htm.

（三）加强指导，创新机制。统筹教育资源，引导社会力量参与继续教育，不断丰富继续教育内容，创新继续教育方式，提高继续教育质量，形成政府部门规划指导、社会力量积极参与、用人单位支持配合的会计专业技术人员继续教育新格局。

第五条 用人单位应当保障本单位会计专业技术人员参加继续教育的权利。

会计专业技术人员享有参加继续教育的权利和接受继续教育的义务。

第六条 具有会计专业技术资格的人员应当自取得会计专业技术资格的次年开始参加继续教育，并在规定时间内取得规定学分。

不具有会计专业技术资格但从事会计工作的人员应当自从事会计工作的次年开始参加继续教育，并在规定时间内取得规定学分。

第二章 管理体制

第七条 财政部负责制定全国会计专业技术人员继续教育政策，会同人力资源社会保障部监督指导全国会计专业技术人员继续教育工作的组织实施，人力资源社会保障部负责对全国会计专业技术人员继续教育工作进行综合管理和统筹协调。

除本规定另有规定外，县级以上地方人民政府财政部门、人力资源社会保障部门共同负责本地区会计专业技术人员继续教育工作。

第八条 新疆生产建设兵团按照财政部、人力资源社会保障部有关规定，负责所属单位的会计专业技术人员继续教育工作。中共中央直属机关事务管理局、国家机关事务管理局（以下统称中央主管单位）按照财政部、人力资源社会保障部有关规定，分别负责中央在京单位的会计专业技术人员继续教育工作。

第三章 内容与形式

第九条 会计专业技术人员继续教育内容包括公需科目和专业科目。

公需科目包括专业技术人员应当普遍掌握的法律法规、政策理论、职业道德、技术信息等基本知识，专业科目包括会计专业技术人员从事会计工作应当掌握的财务会计、管理会计、财务管理、内部控制与风险管理、会计信息化、会计职业道德、财税金融、会计法律法规等相关专业知识。

财政部会同人力资源社会保障部根据会计专业技术人员能力框架，定期发布继续教育公需科目指南、专业科目指南，对会计专业技术人员继续教育内容进行指导。

第十条 会计专业技术人员可以自愿选择参加继续教育的形式。会计专业技术人员继续教育的形式有：

（一）参加县级以上地方人民政府财政部门、人力资源社会保障部门，新疆生产建设兵团财政局、人力资源社会保障局，中共中央直属机关事务管理局，国家机关事务管理局（以下统称继续教育管理部门）组织的会计专业技术人员继续教育培训、高端会计人才培训、全国会计专业技术资格考试等会计相关考试、会计类专业会议等；

（二）参加会计继续教育机构或用人单位组织的会计专业技术人员继续教育培训；

（三）参加国家教育行政主管部门承认的中专以上（含中专，下同）会计类专业学历（学位）教育；承担继续教育管理部门或行业组织（团体）的会计类研究课题，或在有国内统一刊号（CN）的经济、管理类报刊上发表会计类论文；公开出版会计类书籍；参加注册会计师、资产评估师、税务师等继续教育培训；

（四）继续教育管理部门认可的其他形式。

第十一条　会计专业技术人员继续教育采用的课程、教学方法，应当适应会计工作要求和特点。同时，积极推广网络教育等方式，提高继续教育教学和管理的信息化水平。

第四章　学分管理

第十二条　会计专业技术人员参加继续教育实行学分制管理，每年参加继续教育取得的学分不少于90学分。其中，专业科目一般不少于总学分的三分之二。

会计专业技术人员参加继续教育取得的学分，在全国范围内当年度有效，不得结转以后年度。

第十三条　参加本规定第十条规定形式的继续教育，其学分计量标准如下：

（一）参加全国会计专业技术资格考试等会计相关考试，每通过一科考试或被录取的，折算为90学分；

（二）参加会计类专业会议，每天折算为10学分；

（三）参加国家教育行政主管部门承认的中专以上会计类专业学历（学位）教育，通过当年度一门学习课程考试或考核的，折算为90学分；

（四）独立承担继续教育管理部门或行业组织（团体）的会计类研究课题，课题结项的，每项研究课题折算为90学分；与他人合作完成的，每项研究课题的课题主持人折算为90学分，其他参与人每人折算为60学分；

（五）独立在有国内统一刊号（CN）的经济、管理类报刊上发表会计类论文的，每篇论文折算为30学分；与他人合作发表的，每篇论文的第一作者折算为30学分，其他作者每人折算为10学分；

（六）独立公开出版会计类书籍的，每本会计类书籍折算为90学分；与他人合作出版的，每本会计类书籍的第一作者折算为90学分，其他作者每人折算为60学分；

（七）参加其他形式的继续教育，学分计量标准由各省、自治区、直辖市、计划单列市财政厅（局）（以下称省级财政部门）、新疆生产建设兵团财政局会同本地区人力资源社会保障部门、中央主管单位制定。

第十四条　对会计专业技术人员参加继续教育情况实行登记管理。

用人单位应当对会计专业技术人员参加继续教育的种类、内容、时间和考试考核结果等情况进行记录，并在培训结束后及时按照要求将有关情况报送所在地县级以上地方人民政府财政部门、新疆生产建设兵团财政局或中央主管单位。

省级财政部门、新疆生产建设兵团财政局、中央主管单位应当建立会计专业技术人员继续教育信息管理系统，对会计专业技术人员参加继续教育取得的学分进行登记，如实记载会计专业技术人员接受继续教育情况。

继续教育登记可以采用以下方式：

（一）会计专业技术人员参加继续教育管理部门组织的继续教育和会计相关考试，县级以上地方人民政府财政部门、新疆生产建设兵团财政局或中央主管单位应当直接为会计专业技术人员办理继续教育事项登记；

（二）会计专业技术人员参加会计继续教育机构或用人单位组织的继续教育，县级以上地方人民政府财政部门、新疆生产建设兵团财政局或中央主管单位应当根据会计继续教育机构或用人单位报送的会计专业技术人员继续教育信息，为会计专业技术人员办理继续教育事项登记；

（三）会计专业技术人员参加继续教育采取上述（一）、（二）以外其他形式的，应当在年度内登陆所属县级以上地方人民政府财政部门、新疆生产建设兵团财政局或中央主管单位指定网站，按要求上传相关证明材料，申请办理继续教育事项登记；也可持相关证明材料向所属继续教育管理部门申请办理继续教育事项登记。

第五章　会计继续教育机构管理

第十五条　会计继续教育机构必须同时符合下列条件：

（一）具备承担继续教育相适应的教学设施，面授教育机构还应有相应的教学场所；

（二）拥有与承担继续教育相适应的师资队伍和管理力量；

（三）制定完善的教学计划、管理制度和其他相关制度；

（四）能够完成所承担的继续教育任务，保证教学质量；

（五）符合有关法律法规的规定。

应当充分发挥国家会计学院、会计行业组织（团体）、各类继续教育培训基地（中心）等在开展会计专业技术人员继续教育方面的主渠道作用，鼓励、引导高等院校、科研院所等单位参与会计专业技术人员继续教育工作。

第十六条　会计继续教育机构应当认真实施继续教育教学计划，向社会公开继续教育的范围、内容、收费项目及标准等情况。

第十七条　会计继续教育机构应当按照专兼职结合的原则，聘请具有丰富实践经验、较高理论水平的业务骨干和专家学者，建立继续教育师资库。

第十八条　会计继续教育机构应当建立健全继续教育培训档案，根据考试或考核结果如实出具会计专业技术人员参加继续教育的证明，并在培训结束后及时按照要求将有关情况报送所在地县级以上地方人民政府财政部门、新疆生产建设兵团财政局或中央主管单位。

第十九条　会计继续教育机构不得有下列行为：

（一）采取虚假、欺诈等不正当手段招揽生源；

（二）以会计专业技术人员继续教育名义组织旅游或者进行其他高消费活动；

（三）以会计专业技术人员继续教育名义乱收费或者只收费不培训。

第六章　考核与评价

第二十条　用人单位应当建立本单位会计专业技术人员继续教育与使用、晋升相衔接的激励机制，将参加继续教育情况作为会计专业技术人员考核评价、岗位聘用的重要依据。

会计专业技术人员参加继续教育情况，应当作为聘任会计专业技术职务或者申报评定上一级资格的重要条件。

第二十一条　继续教育管理部门应当加强对会计专业技术人员参加继续教育情况的考核与评价，并将考核、评价结果作为参加会计专业技术资格考试或评审、先进会计工作者评选、高端会计人才选拔等的依据之一，并纳入其信用信息档案。

对未按规定参加继续教育或者参加继续教育未取得规定学分的会计专业技术人员，继续教育管理部门应当责令其限期改正。

第二十二条　继续教育管理部门应当依法对会计继续教育机构、用人单位执行本规定的情况进行监督。

第二十三条　继续教育管理部门应当定期组织或者委托第三方评估机构对所在地会计继续教育机构进行教学质量评估，评估结果作为承担下年度继续教育任务的重要参考。

第二十四条　会计继续教育机构发生本规定第十九条行为，继续教育管理部门应当责令其限期改正，并依法依规进行处理。

第七章　附则

第二十五条　中央军委后勤保障部会计专业技术人员继续教育工作，参照本规定执行。

第二十六条　省级财政部门、新疆生产建设兵团财政局可会同本地区人力资源社会保障部门根据本规定制定具体实施办法，报财政部、人力资源社会保障部备案。

中央主管单位可根据本规定制定具体实施办法，报财政部、人力资源社会保障部备案。

第二十七条　本规定自2018年7月1日起施行。财政部2013年8月27日印发的《会计人员继续教育规定》（财会〔2013〕18号）同时废止。

第五节 会计职业道德

前面四节介绍了会计法规，但在会计活动中，会计行为的规范化不仅要以会计法律体系作保证，还要依赖会计人员的道德信念、道德品质来实现。会计行为的法制与德治虽然具有一致性，但它们是两种不同的治理方式，二者不能混淆。从会计工作来看，法制侧重于规范会计行为，由国家强制力保证实施，执行的标准就是会计法规，而德治侧重于规范会计人员的内心世界，以达到对行为的规范。会计法规的实施是个机械的过程，再好的法规，也需要合适的人去正确地执行，如果一个会计人员不具备相应的专业知识和职业道德水平，很难想象会计法规会得到有效实施。为此，在规范会计行为、维护市场经济秩序中，既要坚持不懈地加强会计法治建设，依法规范会计行为，又要坚定不移地加强会计职业道德建设，以德治理会计行为。

一、会计职业道德概述

(一) 会计职业道德的概念

会计职业道德是指会计人员在会计职业活动中应当遵循的、体现会计职业特征、调整会计职业关系的职业行为准则和规范。其含义包括以下三个方面：

1.会计职业道德是调整会计职业活动中各种利益关系的手段

会计工作的性质决定了在会计职业中要处理方方面面的经济利益关系，会计职业道德可以配合国家法律体系，调整会计职业关系中的各种经济利益关系，维护正常的经济秩序。会计职业道德允许个人和各经济主体获取合法的自身利益，但当各经济主体的利益与国家利益、社会公众利益发生冲突时，会计职业道德不允许通过损害国家和社会公众利益来获取违法利益。

2.会计职业道德具有相对稳定性

会计是一种专业技术性很强的职业，在其会计职业活动中，会计标准的设计、会计政策的制定、会计法律的选择，都必须遵循其内在的客观经济规律和要求，并保持相对稳定性，与之相应的会计职业道德，在市场经济活动中同样具有相对稳定性。

3.会计职业道德具有广泛的社会性

会计目标决定了会计所承担的社会责任，会计不仅要为政府机构、企业管理层、金融机构提供符合信息质量要求的会计信息，而且要为投资者、债权人及社会公众服务，服务对象涉及社会的方方面面，因此，会计职业道德具有广泛的社会性。

(二) 会计职业道德的特征

会计作为社会经济活动中的一种特殊职业，会计职业道德除了具有职业道德的一般特征外，还具有如下特征：

1.具有一定的强制性

法律是具有强制性的，它要求人们“必须这样做”，而道德一般不具有强制性，它要求人们“应该这样做”。但我国会计职业道德中的一部分内容都直接纳入了会计法规，如《会计法》《会计基础工作规范》等都规定了会计职业道德的内容和要求，虽然会计职业道德是一种“思想立法”，但已经超出了“应该这样做”的界限而跨入“必须这样做”的范围，如果不按照会计法规规定的会计职业道德的内容和要求去做，即使不构成犯罪，也是犯错，为会计职业道德所不允许。会计职业道德的这种独特的强制性，是由会计工作在市场经济活动中的特殊地位所决定的。当然，会计职业道德的许多非强制性内容仍然存在，也同样发挥作用。例如会计职业道德中的提高技能、参与管理、强化服务等内容，如果不认真执行，虽然不属于“犯错”，但会直接影响专业胜任能力、会计信息质量和会计职业的声誉，“应该这样做”总比“不去这样做”要好得多。

2.较多关注国家和社会公众利益

会计职业的另一个显著特征是会计职业活动与国家和社会公众利益密切联系。在会计工作中，会计确认、计量和报告的程序、标准和方法，在选择和运用上发生任何变化，都有可能直接影响相关经济主体的利益。由于会计人员自身的经济利益往往与其所处的经济主体的利益一致，当所处的经济主体利益与国家利益和社会公众利益发生矛盾时，会计人员如果偏向所处经济主体利益，国家和社会公众利益就会受损，导致产生会计职业道德危机。因此，会计职业的特殊性要求会计人员在会计职业活动中，要客观公正，发生道德冲突时要坚持准则，把国家和社会公众利益放在第一位。

（三）会计职业道德的功能

会计职业道德的功能是指会计职业道德在以德规范会计行为过程中能做些什么，具体包括以下功能：

1.指导功能

会计职业道德的指导功能是指会计职业道德指导会计人员会计行为的功能。会计行为是由会计人员的内心信念来支配的，信念的善与恶将导致行为的是与非。会计职业道德是会计人员共同遵守的行为准则和规范，属于社会意识形态范畴，它对会计人员行为动机提出相应要求，正确指导、规范和约束会计人员树立良好的职业观念，遵循职业道德要求，从而达到规范会计行为的目的。

2.评价功能

会计职业道德的评价功能是指会计职业道德标准对会计人员的行为进行客观评判和认定的功能。道德是公正的法官，是评价个人行为的标尺，当会计人员遵守爱岗敬业、诚实守信、廉洁自律、客观公正等会计职业道德时，就会得到社会正面评价或赞扬，给自己带来好的声誉；反之，会计人员若违背会计职业道德，就会得到社会给予的负面评价或谴责，得到坏的名声，其自身就会受到来自周边人群的社会压力，进而约束自己的行为。因此，道德评价是一种巨大的社会力量和人们内在的意志力量，通过把周围社会现象评价为“善”与“恶”，形成抑恶扬善的环境。

3.教化功能

会计职业道德的教化功能是指会计职业道德对会计人员具有教育和感化的功能。会计职业道德对于会计人员的思想、感情和行为有着潜移默化的塑造作用，不但能够影响会计人员处事时的动机和行为，而且能够改造会计人员的道德品质，提高会计人员的道德境界。在现实生活中，会计人员是否遵守道德规范，常常会受到良心的拷问，出现思想上的斗争和情感上的挣扎，如果有人违反了道德规范，其内心深处也会产生一种羞愧、自责和内疚感，这都是道德规范教化功能的体现。

（四）会计职业道德的作用

1.会计职业道德是规范会计行为的基础

动机是行为的先导，有什么样的动机就有什么样的行为。会计职业道德对会计的动机提出了相应的要求，引导、规劝、约束会计人员树立正确的职业观念，如诚实守信、客观公正等，从而达到规范会计行为的目的。

2.会计职业道德是实现会计目标的重要保证

会计目标的核心是向会计主体内外部信息使用者提供有助于经济决策的以会计信息为主的真实、有用的经济信息。由于会计职业活动既是技术性的处理过程，同时又涉及对多种经济利益关系的调整，会计目标能否顺利实现，既取决于会计人员的专业技能水平，又取决于会计人员能否严格履行职业行为准则。如果会计人员故意或非故意地提供了不真实的会计信息，就会导致信息使用者决策失误，甚至导致社会经济秩序混乱。因此，依靠会计职业道德规范约束会计人员的职业行为，是实现会计目标的重要保证。

3.会计职业道德是对会计法规的重要补充

在现实生活中，人们的很多行为很难由会计法规作出规定。例如，会计法规只能对会计人员不得违反的行为作出规定，不易对他们如何爱岗敬业、诚实守信、提高技能等提出具体要求，但是，如果会计人员缺乏爱岗敬业的热情与态度，缺乏诚实守信的做人准则，没有必要的职业技能，则很难保证会计信息达到真实、完整的法定要求。很显然，会计职业道德是会计法规不能替代的，会计职业道德是对会计法规的重要补充。

4.会计职业道德是会计人员提高素质的内在要求

随着市场经济的进步和发展，对会计人员的素质要求越来越高，会计职业道德是会计人员素质的重要体现。具有高素质的会计人员应当做到爱岗敬业、有较高专业胜任能力，这不仅是会计职业道德的主要内容，而且是会计人员遵循会计职业道德的可靠保证。加强会计职业道德教育，并结合会计职业活动，引导会计人员进一步加强自我修养，提高专业胜任能力，有利于促进会计人员整体素质的不断提升。

（五）会计职业道德与会计法规的关系

会计职业道德与会计法规都属于会计人员行为规范，两者既有联系，又有区别。

1.会计职业道德与会计法规的联系

（1）两者在作用上相互补充、相互协调

规范会计行为，不可能完全依赖会计法规的强制功能而排斥会计职业道德的教化功能，而是相互补充、相互协调来规范会计行为。对于不需要或不宜由会计法规进行规范的会计行为，可通过会计职业道德规范来实现；对于会计职业道德很难约束的会计行为，就应由会计法规来强制规范。

（2）两者在内容上相互吸收、相互促进

会计法规中含有会计职业道德的内容，同时，会计职业道德中也包含会计法规的某些条款。最初的会计职业道德规范就是对会计职业行为约定俗成的基本要求，后来在制定会计法规时吸收了这些基本要求，便形成了完整的会计法规。会计职业道德是会计法规正常运行的社会和思想基础，会计法规是会计职业道德的最低要求，是促进会计职业道德形成和遵守的重要保障。

2.会计职业道德与会计法规的区别

（1）两者性质不同

会计法规通过国家机器强制执行，具有很强的他律性；会计职业道德依靠会计人员的自觉性自愿地执行，并依靠社会舆论和个人良心来实现，基本上是非强制执行的，具有很强的自律性。

（2）两者作用范围不同

会计法规侧重于调整会计人员的外在行为和结果的合法化，具有较强的客观性；会计职业道德不仅要调整会计人员的外在行为，还要调整会计人员内在的精神世界，其调整的范围比法律广泛，并具有较强的主观性。

（3）两者表现形式不同

会计法规是通过一定的程序由国家立法部门或行政管理部门制定、颁布和修改，其表现形式是具体的、明确的、成文的文件；会计职业道德源于会计人员的职业生活和职业实践，日积月累，约定俗成，其表现形式既有明确的成文规定，也有不成文的规范，存在于人们的意识和信念之中，并无具体的表现形式。

（4）两者保障机制不同

会计法规不仅是一种权利和义务的规定，而且依靠国家强制力保障实施；会计职业道德既有国家会计法规的要求，又需要会计人员的自觉遵守。

（5）两者评价标准不同

会计法规以会计人员享有的权利和义务为标准来判定其行为是否违法，而会计职业道德则是以善恶为标准来判定其行为是否违背道德规范。

二、会计职业道德的主要内容

根据我国会计工作、会计人员的实际情况，结合《公民道德建设实施纲要》和国际会计职业道德的一般要求，我国会计职业道德主要包括八项内容：爱岗敬业、诚实守信、廉洁自律、客观公正、坚持准则、提高技能、参与管理、强化服务。

（一）爱岗敬业

1.爱岗敬业的含义

爱岗敬业是爱岗与敬业的总称。**爱岗**是指会计人员热爱本职工作，安心本职岗位，并为做好本职工作尽心尽力、尽职尽责，对自己负责的工作表现出应有的责任感和义务感。**敬业**是指人们对其所从事的会计职业或行业的正确认识和恭敬态度，并用这种认识和态度认真地对待本职工作，将身心与本职工作融为一体。

爱岗和敬业是互为前提、相互支持、相辅相成的，“爱岗”是“敬业”的基石，“敬业”是“爱岗”的升华。爱岗敬业是会计职业道德的基础，是会计人员做好本职工作的基本条件，是忠于职守的事业精神，是最基本的道德素质，也是所有职业道德的共同要求。

2.爱岗敬业的基本要求

（1）正确认识会计职业，树立职业荣誉感

会计人员只有正确地认识会计职业，履行会计职能，深刻理解会计在经济管理工作中的地位和重要性，树立职业荣誉感，才有可能去爱岗敬业。这是做到爱岗敬业的前提，也是首要要求。

（2）热爱会计工作，敬重会计职业

我国各行各业的无数职业道德标兵的先进事迹表明，热爱自己的工作，敬重自己的岗位，是做好本职工作的前提，会计人员只要树立了“干一行，爱一行”的思想，就会发现会计职业中的乐趣，只有树立了“干一行，爱一行”的思想，才会努力学习会计知识，刻苦钻研会计业务，从而发现在会计核算、会计管理、会计监督领域有许多知识值得会计人员去探究。有了对本职工作的热爱，会计人员就会激发出一种敬业精神，从而全身心地投入到会计事业中，自觉自愿地执行各项会计职业道德，不断改进自己的工作，进而在平凡的岗位上做出不平凡的业绩。

（3）安心工作，任劳任怨

会计人员只有安心本职工作，才能真正做到爱岗敬业，才能成为真正的行家里手。任劳任怨要求会计人员具有不怕吃苦、不计较个人得失的思想境界。

（4）严肃认真，一丝不苟

会计工作是一项严肃细致的工作，没有严肃认真的工作态度和一丝不苟的工作作风，就可能出现偏差。对一些损失浪费、违法乱纪的行为和一切不合法、不合理的业务开支，要严肃认真地对待，把好关，守好口。

（5）忠于职守，尽职尽责

忠于职守主要表现在三个方面，即忠实于服务主体、忠实于社会公众、忠实于国家。首先，单位会计人员要忠实于服务主体，不仅要客观真实地记录、反映服务主体的经济活动状况，负责其财产安全，而且应负责其资金的有效运作，积极参与经营决策。其次，要忠实于社会公众，真实、正确地对外提供有关服务主体的会计信息，以便让投资者、债权人及其他社会公众获取客观真实的财务信息，从而进行正确判断和经济决策。最后，要忠实于国家，这实际上是对社会整体利益负责。

尽职尽责具体表现为会计人员对自己应承担的责任和义务，所表现出的责任感和义务感。这种责任感和义务感包含两方面内容：一是社会或他人对会计人员规定的责任；二是会计人员对社会或他人所负的道义责任。

（二）诚实守信

1.诚实守信的含义

诚实守信是诚实和守信的总称。**诚实**是指言行跟内心思想一致，不弄虚作假，不欺上瞒下，做老实人，说老实话，办老实事。**守信**是指遵守自己所作出的承诺，讲信用，重信用，信守诺言，保守秘密。

诚实守信是会计职业道德的基本准则，是人们在古往今来交往中产生的最根本的道德规范，也是会计职业道德的精髓。

2.诚实守信的基本要求

（1）做老实人，说老实话，办老实事，不搞虚假

做老实人，要求会计人员言行一致，表里如一，光明正大。说老实话，要求会计人员说话诚实，不夸大，不缩小，不隐瞒，如实反映和披露单位交易或者事项。办老实事，要求会计人员工作踏踏实实。不搞虚假，要求会计人员不弄虚作假，不欺上瞒下。

总之，会计人员应言行一致，实事求是，如实反映单位经济业务活动情况，不为个人和小集团利益伪造账目，损害国家和社会公众利益。

（2）保守秘密，不为利益所诱惑

会计人员因职业特点，经常会接触单位和客户的一些秘密，因而，会计人员应依法保守单位秘密，这也是诚实守信的具体体现。秘密主要有国家秘密、商业秘密和个人隐私三类。在市场经济中，秘密可以带来经济利益，但是会计人员应该不为利益诱惑。除法律规定和单位领导人同意外，不能私自向外界提供或者泄露单位的会计信息。

（3）执业谨慎，信誉至上

执业谨慎，信誉至上，要求会计人员在工作中应保持谨慎态度，对客户和社会

公众尽职尽责，形成“守信光荣，失信可耻”的氛围，以维护职业信誉。

（三）廉洁自律

1.廉洁自律的含义

廉洁自律是廉洁和自律的总称。**廉洁**是指不贪污钱财，不收受贿赂，保持清白。**自律**是指自律主体按照一定标准，自己约束自己、自己控制自己的言行和思想的过程。自律的核心就是用道德观念自觉地抵制自己的不良愿望。

廉洁是自律的基础，自律是廉洁的保证。廉洁自律是会计职业道德的前提和行为准则，也是会计职业道德的内在要求和会计职业声誉的试金石。

2.廉洁自律的基本要求

（1）树立正确的人生观和价值观

人生观是指人们对人生的目的和意义的总的观点和看法。**价值观**是指人们对于价值的根本观点和看法。会计人员树立正确的人生观和价值观，就是要自觉抵制享乐主义、个人主义、拜金主义等错误思想。这是在会计工作中做到廉洁自律的思想基础。

（2）公私分明，不贪不占

公私分明是指严格划分公与私的界限，做到公是公，私是私。如果公私分明，就能够廉洁奉公，一尘不染，做到“常在河边走，就是不湿鞋”。

廉洁自律的天敌是“贪欲”“占有欲”。在会计工作中，大量的钱财要经过会计人员之手，很容易诱发会计人员的“贪”“占”，一些会计人员贪图金钱和物质上的享受，利用职务之便有意无意地进行“贪”“占”，有的被动受贿，有的主动索贿，有的贪污，挪用公款，有的监守自盗，有的集体贪污。这都是公私不分，以权谋私，甚至违法乱纪行为。

（3）遵纪守法，严于律己

遵纪守法，正确处理会计职业权利与专业义务的关系，严格要求自己，做到有法可依、有法必依、违法必究，增强抵制行业不正之风的能力，是会计人员廉洁自律的又一个基本要求。

（四）客观公正

1.客观公正的含义

客观公正是客观和公正的总称。**客观**是指按事物的本来面目去反映真相，不掺杂个人的主观意愿，也不为他人意见所左右。客观就是真实，也就是可靠。公正就是平等、公平、正直，没有偏失。客观是公正的基础，公正是客观的反映。客观公正是会计人员的一种工作态度。

2.客观公正的基本要求

（1）依法办事

依法办事，认真遵守相关法规，是会计工作客观公正的前提。

（2）实事求是

在实际工作中，要做到客观公正，最根本的是要有实事求是的科学态度，没有实事求是的态度，主观、片面、表面地看问题，就无法了解真实情况，也就无法根据客观情况来公正地处理问题，即使主观上想客观公正，客观上也无从实现。

客观公正贯穿会计活动的整个过程，一是会计核算、会计管理、会计监督过程的客观公正，即会计人员在进行具体业务处理，或需要进行职业判断时，应保持客观公正的态度，实事求是、不偏不倚；二是最终结果公正，是指会计人员如实反映经济业务的处理结果，不夸大，不缩小，不隐瞒，处理结果是公正的。

（五）坚持准则

1.坚持准则的含义

坚持准则是指会计人员在处理业务过程中，要严格按照相关法规办事，不为主观或他人意志左右。这里的准则不仅指会计准则，还包括其他处理会计业务的相关法规。

坚持准则是会计职业道德的核心，是会计人员履行会计职能的标准和依据。会计人员在履行会计职能过程中，当发生道德冲突时，应坚持准则，维护国家利益、社会公众利益和正常的经济秩序。在现实生活中经常会出现单位利益、社会公众利益和国家利益发生冲突的情况，面对不同的情况会计人员应如何处理，国际会计师联合会发布的《职业会计师道德守则》提出了如下建议：

（1）当遇到严重的职业道德问题时，职业会计师首先应遵循所在组织的已有政策加以解决；如果这些政策不能解决道德冲突，则可私下向独立的咨询师或会计职业团体寻求建议，以便采取可能的行动步骤。

（2）若自己无法独立解决，可与直接上级一起研究解决冲突的办法。

（3）若仍无法解决，则在通知直接上级的情况下，请教更高一级的管理层。若有迹象表明上级已卷入冲突，职业会计师必须和更高一级的管理当局商讨该问题。

（4）如果在经过内部所有各级审议之后道德冲突仍然存在，那么对于一些重大问题，如舞弊，职业会计师可能没有其他选择，作为最后手段，他只能提出辞职，并向该组织的适当代表提交一份信息备忘录。

国际会计师联合会发布的《职业会计师道德守则》中提出的针对道德冲突的解决途径值得借鉴。我国会计人员如果遇到道德冲突，首先要对发生的事件作出是非判断，如涉及严重的道德冲突，应维护国家和社会公众利益。

2.坚持准则的基本要求

（1）熟悉准则

熟悉准则是指会计人员应熟知会计法规，这是遵循准则的前提，只有熟悉准则，才能按准则办事，才能遵纪守法，才能保证会计信息的真实性、完整性。

（2）遵循准则

遵循准则即执行准则，会计人员在履行会计职能时，要自觉地严格遵守各项准则，自律在先，同时要求他人遵守准则，坚决抵制违法行为。

（3）坚守准则

为了切实维护会计人员的合法权益，《会计法》强化了单位负责人对单位会计工作的法律责任，赋予会计人员相应的权利，营造了会计人员的执法环境。会计人员应认真执行会计法规，依法履行会计职能，发生冲突时应坚持准则，对法律负责，对国家和社会公众负责。敢于同违反会计法规的现象作斗争，确保会计信息的真实性和完整性。

（六）提高技能

1.提高技能的含义

提高技能是指会计人员通过学习、培训和实践等途径，持续提高会计职业技能，以达到和维持足够的专业胜任能力。这里的“技能”是指“职业技能”，又称“职业能力”，是人们进行职业活动，承担职业责任的能力和手段。就会计职业而言，应包括会计及相关专业理论水平、会计实务操作能力、职业判断能力、自动更新知识能力、沟通交流能力等。

会计工作的专业性和技术性很强，会计从业人员只有具备一定的会计专业知识和技能才能胜任，这就要求会计人员必须不断提高职业技能。这既是会计人员的义务，又是在职业活动中做到客观公正、坚持准则的基础，更是参与管理的前提。

2.提高技能的基本要求

（1）具有不断提高会计专业技能的意识和愿望

随着市场经济的发展，会计的作用越来越明显，对会计的要求也越来越高，会计人才的竞争也越来越激烈，会计人员必须有紧迫感、危机感，要有不断提高会计专业技能的意识和愿望，只有这样，才能不断进取，主动求知，刻苦钻研，使自身的专业技能不断提高，使自己的知识不断更新，从而掌握过硬的本领，在竞争中立于不败之地。

（2）具有勤学苦练的精神，掌握科学的学习方法

专业技能的学习和提高不可能是一劳永逸之事，必须持之以恒。只有具备锲而不舍的“勤学”精神，才能不断地提高自己的业务水平、理论水平、操作技能和职业判断能力，才能推动会计工作和会计职业的发展，以适应不断变化的新形势和新情况的需要。同时，要掌握科学的学习方法，必须积极参加社会实践活动，在实践中锤炼，提高职业技能。

（七）参与管理

1.参与管理的含义

参与管理，简单地讲就是间接参加管理活动，为管理者当参谋，为管理活动服

务。会计人员在管理活动中扮演着重要的参谋角色，承担着参与管理的职责和义务。会计工作的性质决定了会计在企业管理活动中，更多的是从事间接管理活动。参与管理就是要求会计人员积极主动地向单位领导反映本单位的财务状况、经营成果、现金流量等信息及存在的问题，主动提出合理化建议，积极地参与市场调研和预测，参与决策方案的制订和选择，参与决策的执行、检查和监督，为领导的经营管理和决策活动当好助手和参谋。会计人员，特别是会计部门负责人，必须强化自己参与管理，当好参谋的角色意识和责任意识。

2.参与管理的基本要求

（1）努力钻研业务

娴熟的业务、精湛的技能，是会计人员参与管理的前提。会计人员只有努力钻研业务，不断提高业务技能，深刻领会相关法规，才能有效地参与管理，从而为改善经营管理，提高经济效益服务。

（2）熟悉服务对象相关情况

会计人员应当熟悉本单位的整体情况，特别是熟悉本单位的生产经营业务流程和管理情况，单位的生产经营能力、技术设备条件、产品市场及资源状况等情况。只有这样，会计人员才能充分利用会计工作的优势，更好地满足经营管理的需要，才能在参与管理的活动中有针对性地拟订可行性方案，提高经营决策的合理性和科学性，从而更有效地服务于单位的总体发展目标。

（八）强化服务

1.强化服务的含义

强化服务是指会计人员要有文明的服务态度，强烈的服务意识和上乘的服务质量。

如果说爱岗敬业是职业道德的出发点，那么，强化服务、奉献社会就是职业道德的归宿点。

服务态度是服务者的行为表现，“文明服务，以礼待人”，不仅是服务行业提出的道德要求，而且是对所有职业活动提出的道德要求。在社会生活中，各岗位的就业者都处于服务他人和接受他人服务的地位。在服务他人的过程中，人们在承担对他人的责任和义务的同时，也接受他人的服务，也就是“我为人人，人人为我”。强化服务的结果就是奉献社会，任何职业的利益、职业劳动者个人的利益都必须服从社会的利益、国家的利益。

2.强化服务的基本要求

（1）强化服务意识

会计人员要树立强烈的服务意识，为管理者服务，为所有者服务，为社会公众服务，说到底，就是为人民服务。会计人员的服务意识高低直接关系到工作能否顺利开展和取得的成效，因此，不论服务对象的地位如何，会计人员都要摆正自己的服务位置，全心全意为人民服务。

（2）提高服务质量

强化服务的关键是提高服务质量，也就是提高服务对象的满意度，在坚持原则的基础上，尽量满足服务对象的需要，这就要求会计人员不仅要热情、耐心、诚恳、礼貌待人，而且在遇到问题时要以商量的口吻，充分尊重服务对象和其他部门的意见，做到大事讲原则，小事讲风格，沟通讲策略，用语讲准确，建议看场合，不断提高服务质量。

三、会计职业道德教育

道德品质是一个哲学范畴，是通过后天的修养和教育形成的，不是与生俱来的。会计职业道德教育是一种教育性道德影响活动，它通过一定的教育方式和方法，把会计职业道德观念灌输到会计人员的头脑中，逐渐培养其职业道德情感，体现道德作用的他律性。会计职业道德的他律灌输，是职业道德形成的不可逾越的首要阶段。从他律走向自律，从“不敢为、不能为”到“不愿为、不屑为”的最高境界。

（一）会计职业道德教育的含义

会计职业道德教育是指根据会计工作的特点，有目的、有组织、有计划地对会计人员施加系统的会计道德教育影响，促进会计人员形成会计职业道德品质，履行会计职业道德义务的活动。

《会计法》第三十九条明确指出：“会计人员应当遵守职业道德，提高业务素质。对会计人员的教育和培训工作应当加强。”这表明了会计人员参加教育和培训的必要性，对会计人员的教育和培训就包括会计职业道德教育。会计职业道德教育是提高会计职业道德水平的重要方式和手段，也是提高会计职业道德水平的重要途径。会计职业道德教育的主要任务是帮助和引导会计人员培养会计职业道德情感，树立会计职业道德信念，遵守会计职业道德规范，使会计人员懂得什么是对的，什么是错的，什么是应该做的，什么是不应该做的，什么是必须提倡的，什么是坚决反对的。

（二）会计职业道德教育的内容

1.职业道德观念教育

职业道德观念教育的基础是普及会计职业道德基本常识，使广大会计人员知道什么是会计职业道德，树立职业道德观念，知道会计职业道德对社会经济秩序、会计信息质量的影响，以及违背会计职业道德将受到的惩戒和处罚。

2.会计职业道德规范教育

会计职业道德规范教育是指对会计人员开展以会计职业道德为主要内容的教育。会计职业道德主要内容是：爱岗敬业、诚实守信、廉洁自律、客观公正、坚持原则、提高技能、参与管理和强化服务。这是会计职业道德教育的核心内容，其涵盖的内容非常广泛，应贯穿会计职业道德教育的始终。

3.会计职业道德警示教育

会计职业道德警示教育是指通过开展对违背会计职业道德的违规、违法会计行为的典型案例进行讨论和剖析，给会计人员以启发和警示。根据不同的教育对象，要选择一些有针对性的违规、违法的会计职业道德行为典型案例，开展广泛、深入的讨论，从而提高会计人员的法律意识和会计职业道德观念，提高会计人员辨别是非的能力。

4.会计职业道德的其他教育

会计职业道德的其他教育是指与会计职业道德相关的教育，包括形式教育、品德教育、法制教育等。

（三）会计职业道德教育的途径

会计职业道德教育的途径包括“接受教育（外在教育）的途径”和“自我教育（内在教育）的途径”两种。

1.接受教育（外在教育）的途径

所谓**接受教育即外在教育**，是指通过学校或培训机构对会计人员进行职业责任、职业义务为核心内容的正面灌输，以规范其职业行为，维护国家和社会公众利益的教育。接受教育的途径又有“岗前职业道德教育”和“岗位职业道德继续教育”两种。

（1）岗前职业道德教育

岗前职业道德教育是指对将要从事会计职业的人员进行的道德教育，主要是会计学科相关专业学历教育中的职业道德教育。在2001年中共中央印发的《公民道德建设实施纲要》中，曾明确指出：“学校是进行系统道德教育的重要阵地。各级各类学校必须认真贯彻党的教育方针，全面推进素质教育，把教书与育人密切结合起来。”在大中专院校会计学科各专业就读的学生，是会计队伍的预备人员，他们当中的大部分人将进入会计队伍，从事会计工作。会计学历教育阶段是他们的会计职业情感、道德观念和是非善恶判断标准初步形成的时期，所以大中专院校是会计职业道德教育的重要阵地，是会计人员岗前道德教育的主要场所，在会计职业道德教育中具有基础性地位。

（2）岗位职业道德继续教育

岗位职业道德继续教育是指对已从事会计职业的会计人员，在完成某一阶段的工作和学习后，重新接受一定形式的、有组织的、知识更新的教育和培训活动。会计人员继续教育是强化会计职业道德教育的有效形式。在财政部、人力资源和社会保障部于2018年5月19日发布的，自2018年7月1日起执行的《会计专业技术人员继续教育规定》第九条会计专业技术人员继续教育内容中，就包含了会计职业道德教育的内容，会计职业道德教育是会计人员继续教育的一项重要组成部分。会计职业道德教育应贯穿整个会计人员继续教育的始终。

2.自我教育（内在教育）的途径

所谓**自我教育即内在教育**，是指通过自我学习提升自身道德修养的行为活动。自我教育是把外在的会计职业道德的要求，逐步转变为会计人员内在的职业道德认知、会计职业道德情感、会计职业道德意志和会计职业道德信念。自我教育的途径有“慎独慎欲”、“慎省慎微”和“自警自励”三种。

（1）慎独慎欲

慎独是指独处时要谨慎。会计人员在独立工作、无人监督，甚至在做坏事难以被发现的情况下仍能坚持自己的道德信念，不做任何对国家、社会、他人不道德的事情，而不管财务制度本身是否有漏洞，领导管理严不严，都按照职业道德要求办事。慎独既是一种道德修养方法，又是一种很高的道德境界。

慎欲是指注意节制自己的不良愿望。会计人员面对各种经济利益，一定要把国家、社会公众和集体利益放在首位，在追求自身利益的时候要适度得当、合理合法，不能利用不正当手段达到利己的目的，更不能损害国家和他人利益。

（2）慎省慎微

慎省是指时常提醒反省自己的得失、优劣。通过自我反省、自我解剖，一是要总结长处，不断地自我升华、自我超越；二是要发现短处，并通过主观努力加以改正，把自己的行为纳入职业道德规范的轨道，用自我批评的方法来加强自身的职业道德修养。

慎微是指在小事、小节处要谨慎。“千里之堤，溃于蚁穴”，就是指微处不注意，酿成大损失，慎微就是在小事、小节上也要注意，谨慎行事，不能马虎大意。

（3）自警自励

自警是指要随时警醒、告诫自己，要警钟长鸣，防止各种不良思想对自己的侵蚀。**自励**是指要以崇高的会计职业道德理想、信念激励自己、教育自己。自警自励就是要经常用会计职业道德这把标尺，认真度量自己在职业实践中的一切言行，树立正确的会计职业道德观。

复习题

一、单项选择题

1.下列属于会计法律的是（　　）。

A.《中华人民共和国注册会计师法》　　B.《中华人民共和国总会计师条例》

C.《企业会计准则——基本准则》　　D.《企业财务会计报告条例》

2.下列属于会计行政法规的是（　　）。

A.《中华人民共和国会计法》　　B.《中华人民共和国总会计师条例》

C.《会计从业资格管理办法》　　D.《企业会计准则——基本准则》

3.下列属于会计部门规章的是（　　）。

A.《中华人民共和国会计法》　　B.《中华人民共和国总会计师条例》

C.《中华人民共和国注册会计师法》　　D.《企业会计准则——基本准则》

4.中华人民共和国第一部《会计法》的发布时间是（　　）。

A.1980年　　B.1985年

C.1993年　　D.1999年

5.《小企业会计准则》发布的时间是（　　）。

A.2011年10月　　B.2012年12月

C.2013年1月　　D.2015年10月

6.修订后的《事业单位会计准则》发布的时间是（　　）。

A.2011年10月　　B.2012年12月

C.2013年1月　　D.2015年10月

7.《政府会计准则——基本准则》发布的时间是（　　）。

A.2011年10月　　B.2012年12月

C.2013年1月　　D.2015年10月

8.《企业会计准则——基本准则》第十一条规定：企业应当采用的记账方法是（　　）。

A.收付记账法　　B.借贷记账法

C.增减记账法　　D.任何复式记账法

9.企业在对会计要素进行计量时，一般应当采用（　　）。

A.历史成本　　B.重置成本

C.可变现净值　　D.公允价值

10.最新的《会计专业技术人员继续教育规定》自（　　）开始执行。

A.2018年1月1日　　B.2018年5月1日

C.2018年5月19日　　D.2018年7月1日

11.具有会计专业技术资格的人员应当自取得会计专业技术资格的（　　）开始参加继续教育，并在规定时间内取得规定学分。

A.当年　　B.次年

C.第3年　　D.第4年

12.不具有会计专业技术资格但从事会计工作的人员应当自（　　）开始参加继续教育，并在规定时间内取得规定学分。

A.自从事会计工作的次年　　B.自从事会计工作当年

C.自从事会计工作前一年　　D.自大学本科毕业后次年

13.会计专业技术人员参加继续教育实行学分制管理，每年参加继续教育取得的学分不少于（　　）学分。

A.24　　B.36

C.48　　D.90

14.会计专业技术人员继续教育专业科目一般不少于总学分的（　　）。

A.三分之二　　B.三分之一

C.二分之一　　D.四分之一

15.下列不属于会计职业道德含义包含的内容是（　　）。

A.会计职业道德是调整会计职业活动中各种利益关系的手段

B.会计职业道德具有相对稳定性

C.会计职业道德具有广泛的社会性

D.会计职业道德具有强制性

16.下列不属于会计职业道德功能的是（　　）。

A.指导功能　　B.监督功能

C.评价功能　　D.教化功能

17.不属于会计职业道德教育中自我教育途径的是（　　）。

A.慎独慎欲　　B.慎省慎微

C.自警自励　　D.自尊自爱

二、多项选择题

1.会计法律体系由（　　）组成。

A.会计法律　　B.会计行政法规

C.会计部门规章　　D.地方性会计法规

E.会计准则

2.下列属于会计法律的有（　　）。

A.《中华人民共和国注册会计师法》　　B.《中华人民共和国总会计师条例》

C.《中华人民共和国会计法》　　D.《企业财务会计报告条例》

E.《企业会计准则——基本准则》

3.下列属于会计行政法规的有（　　）。

A.《中华人民共和国注册会计师法》　　B.《中华人民共和国总会计师条例》

C.《中华人民共和国会计法》　　D.《企业财务会计报告条例》

E.《企业会计准则——基本准则》

4.下列属于会计部门规章的有（　　）。

A.《中华人民共和国会计法》　　B.《中华人民共和国总会计师条例》

C.《中华人民共和国注册会计师法》　　D.《企业会计准则——基本准则》

E.《会计从业资格管理办法》

5.我国企业会计准则体系包括以下几个层次（　　）。

A.基本准则　　B.具体准则　　C.应用指南

D.准则解释　　E.会计制度

6.我国已发布的会计准则有（　　）。

A.《企业会计准则——基本准则》　　B.《小企业会计准则》

C.《事业单位会计准则》　　D.《政府会计准则——基本准则》

E.《行政单位会计准则》

7.会计计量属性主要包括（　　）。

A.历史成本　　B.重置成本　　C.可变现净值

D.现值　　E.公允价值

8.《会计法》第三十五条规定：出纳人员不得兼任（　　）工作。

A.稽核　　B.会计档案保管

C.收入、支出、费用账目登记　　D.债权、债务账目登记

E.库存现金、银行存款账目登记

9.《企业会计准则——基本准则》第十条规定："企业应当按照交易或者事项的经济特征确定会计要素。"其中，会计要素包括（　　）。

A.资产　　B.负债　　C.所有者权益

D.收入、费用　　E.利润

10.会计报表至少应当包括（　　）。

A.资产负债表　　B.所有者权益变动表

C.管理费用明细表　　D.利润表

E.现金流量表

11.需要参加会计专业人员继续教育的有（　　）。

A.具有会计专业技术资格的人员

B.不具有会计专业技术资格但从事会计工作的人员

C.大学本科毕业的人员

D.大学专科毕业的人员

12.会计专业技术人员继续教育内容包括（　　）和（　　）。

A.公需科目　　B.专业科目　　C.选修科目　　D.必修科目

13.下列属于会计专业技术人员继续教育的形式有（　　）。

A.公开出版会计类书籍　　B.公开发表会计类论文

C.参加注册会计师考试　　D.承担会计类研究课题

14.下列关于会计职业道德和会计法规二者关系的说法，正确的有（　　）。

A.两者在实施过程中相互作用、相互补充

B.会计法规是会计职业道德的最低要求

C.违反会计法规一定违反会计职业道德

D.违反会计职业道德一定违反会计法规

15.下列属于会计职业道德作用的有（　　）。

A.会计职业道德是规范会计行为的基础

B.会计职业道德是对会计法规的重要补充

C.会计职业道德是实现会计目标的重要保证

D.会计职业道德是会计人员提高素质的内在要求

16.会计职业道德与会计法规的联系主要体现在（　　）。

A.在内容上相互吸收、相互促进　　B.地位上相互转化、相互吸收

C.在作用上相互补充、相互协调　　D.实施上相互作用、相互促进

17.会计职业道德与会计法规的区别除保障机制不同外，还体现在（　　）。

A.性质不同　　B.作用范围不同

C.评价标准不同　　D.表现形式不同

18.我国会计职业道德除爱岗敬业、诚实守信、廉洁自律、客观公正外，还包括（　　）。

A.坚持准则　　B.提高技能

C.参与管理　　D.强化服务

19.会计职业道德教育的内容包括（　　）。

A.职业道德观念教育　　B.会计职业道德规范教育

C.会计职业道德警示教育　　D.会计职业道德的其他教育

三、填空题

1.《会计法》第四条规定："单位负责人对本单位的会计工作和会计资料的（　　）、（　　）负责。"

2.《会计法》第五条规定："会计机构、会计人员依照本法规定进行（　　），实行（　　）。"

3.《会计法》第七条规定："国务院财政部门主管全国的（　　）。县级以上地方各级人民政府财政部门管理本行政区域内的（　　）。"

4.《会计法》第九条规定："各单位必须根据实际发生的经济业务事项进行会计核算，填制（　　），登记（　　），编制财务会计报告。"

5.《会计法》第十一条规定："会计年度自公历（　　）起至（　　）止。"

6.《会计法》第十四条规定："会计凭证包括（　　）和（　　）。"

7.《企业会计准则——基本准则》第三条规定："企业会计准则包括（　　）和（　　）。"

8.《企业会计准则——基本准则》第五条规定："企业应当对其本身发生的交易或者事项进行会计（　　）、（　　）和报告。"

9.《企业会计准则——基本准则》第四十四条规定："财务会计报告包括（　　）、（　　）和其他应当在财务会计报告中披露的相关信息和资料。"

10. 参加全国会计专业技术资格考试等会计相关考试，每通过一科考试或被录取的，折算为（　　）继续教育学分。

11. 参加会计类专业会议，每天折算为（　　）继续教育学分。

12. 参加国家教育行政主管部门承认的中专以上会计类专业学历（学位）教育，通过当年度一门学习课程考试或考核的，折算为（　　）继续教育学分。

13. 独立在有国内统一刊号（CN）的经济、管理类报刊上发表会计类论文的，每篇论文折算为（　　）学分；与他人合作发表的，每篇论文的第一作者折算为（　　）学分，其他作者每人折算为（　　）学分。

14. 财政部负责制定全国会计专业技术人员继续教育政策，会同（　　）监督指导全国会计专业技术人员继续教育工作的组织实施，（　　）负责对全国会计专业技术人员继续教育工作进行综合管理和统筹协调。

15. 县级以上地方人民政府（　　）、（　　）共同负责本地区会计专业技术人员继续教育工作。

16. 会计职业道德教育的途径包括“（　　）的途径”和“（　　）的途径”两种。

17. 会计职业道德教育的接受教育途径包含（　　）和（　　）两种。

四、判断题

1. 国有的和国有资产占控股地位或者主导地位的大、中型企业必须设置总会计师。（　　）

2. 从事会计工作的人员，必须取得会计从业资格证书。（　　）

3. 单位负责人必须是法人。（　　）

4. 企业应当以权责发生制为基础进行会计确认、计量和报告。（　　）

5. 会计要素包括资产、负债、所有者权益、收入、费用、成本和利润。（　　）

6. 资产负债表是指反映企业在一定会计期间的财务状况的会计报表。（　　）

7. 利润表是指反映企业在某一特定日期的经营成果的会计报表。（　　）

8. 现金流量表是指反映企业在一定会计期间的现金和现金等价物流入和流出的会计报表。（　　）

9. 资产是指企业过去、现在的交易或者事项形成的、由企业拥有或者控制的、预期会给企业带来经济利益的资源。（　　）

10. 负债是指企业过去、现在的交易或者事项形成的、会导致经济利益流出企业的现时义务。（　　）

11. 所有者权益是指企业资产扣除负债后由所有者享有的剩余权益。（　　）

12. 收入是指企业在日常活动或非日常活动中形成的、会导致所有者权益增加的、与所有者投入资本无关的经济利益的总流入。（　　）

13. 费用是指企业在日常活动或非日常活动中发生的、会导致所有者权益减少

的、与向所有者分配利润无关的经济利益的总流出。 ( )

14. 利润是指企业在一定会计期间的经营成果。利润包括收入减去费用后的净额、直接计入当期利润的利得和损失等。 ( )

15. 会计专业技术人员参加继续教育情况，应当作为聘任会计专业技术职务或者申报评定上一级资格的重要条件。 ( )

16. 会计职业道德与会计法规有着共同的目标，相同的调整对象，承担着同样的责任。 ( )

17. 会计职业道德主要依靠会计人员的自觉性，具有很强的自律性。 ( )

18. 会计职业道德与会计法规的作用范围不同，侧重于调整会计人员内在的精神世界。 ( )

19. 会计职业道德的表现形式既有明确的成文规定，又有不成文的规范，存在于人们的意识和信念之中。 ( )

五、名词解释

1. 会计法律体系

2. 会计法律

3. 会计行政法规

4. 会计部门规章

5. 单位负责人

6. 财务会计报告

7. 会计职业道德

8. 会计职业道德教育

六、简答题

1. 《会计法》有哪几章内容？

2. 会计准则有哪几章内容？

3. 何谓会计准则体系？有何作用？具体包括哪几部分内容？

4. 《会计专业技术人员继续教育规定》有哪几章内容？

第四章

国家会计工作管理体制

本章主要介绍在国家会计法律体系规范下，会计工作由谁来管理，也就是国家会计工作管理体制。所谓国家会计工作管理体制是指国家管理会计工作的组织形式和基本制度，包括管理机构的设置、职责范围的确定和管理职权的划分，是国家会计法律、法规、规章、制度和方针、政策得以贯彻落实的组织保障和制度保障，具体包括会计工作行政管理、会计工作行业自律管理、单位内部会计工作管理。

第一节 会计工作行政管理

一、会计工作行政管理体制

《会计法》第七条规定，国务院财政部门主管全国的会计工作，县级以上地方各级人民政府财政部门管理本行政区域内的会计工作。财政、审计、税务、人民银行、证券监管、保险监管等部门应当依照有关法律、行政法规规定的职责，对有关单位的会计资料实施监督检查。我国会计工作实行“统一领导，分级管理”体制，即在国务院财政部门统一规划、统一领导的前提下，实行分级负责、分级管理，充分调动地方、部门、单位管理会计工作的积极性和创造性。

二、会计工作行政管理的内容

1.制定国家统一的会计准则制度

国务院财政部门制定并公布国家统一的会计准则制度。国务院有关部门可以依据《会计法》和国家统一的会计准则制度制定对会计核算和会计监督有特殊要求的行业实施国家统一会计制度的具体办法或者补充规定，报国务院财政部门审核批准。中国人民解放军总后勤部可以依据《会计法》和国家统一的会计准则制度制定军队实施国家统一的会计准则制度的具体办法，报国务院财政部门备案。各地区、各部门可以在国务院财政部门制定的国家统一会计准则制度的基础上，制定符合《会计法》要求且与其具体情况相适应的会计制度或者补充规定，报国务院财政部门审核批准或者备案后实施。

2.会计市场管理

会计市场管理包括会计市场的准入管理、过程管理和退出管理三个方面。对会计出版市场、培训市场、境外“洋资格”的管理等也属于会计市场管理的范畴。

会计市场准入管理包括会计从业资格、会计师事务所的设立、代理记账机构的设立等。获准进入会计市场后，这些机构和人员还应当持续符合相关的资格条件，并主动接受财政部门的监督检查。当资格不再符合时，原审批机关应当撤回行政许可。

会计市场的运行管理是指财政部门对获准进入会计市场的机构和人员是否遵守各项法律法规执行业务所进行的监督检查。

会计市场的退出管理是指财政部门对在执业过程中有违反《会计法》《注册会计师法》行为的机构和个人进行处罚，情节严重的，吊销其执业资格，强制其退出会计市场。

财政部门是会计工作和注册会计师行业的主管部门，履行相应的会计市场管理职责。财政部门对违反会计法律，行政法规规定，扰乱会计秩序的行为，有权管理和规范。

3.会计专业人才评价

会计专业人才是在我国经济建设过程中不可或缺的重要力量，也是我国人才队伍的重要组成部分。目前我国已经基本形成阶梯式的会计专业人才评价机制，包括初级、中级、高级会计人才评价机制以及会计行业领军人才培养评价体系等。

4.会计监督检查

财政部组织实施全国会计信息质量的检查工作，并依法对违法行为实施行政处罚，县级以上财政部门组织实施本行政区域内的会计信息质量检查工作，并依法对本行政区域单位或人员的违法行为实施行政处罚。

财政部组织实施全国会计师事务所的执业质量检查工作，并依法对违反《注册会计师法》的行为实施行政处罚。省、自治区、直辖市人民政府财政部门组织实施本行政区域内的会计师事务所执业检查工作，并依法对本行政区域内会计师事务所或注册会计师违反《注册会计师法》的行为实施行政处罚。

第二节 会计工作行业自律管理

行业自律管理是指行业性社会团体为促进行业的健康发展，根据会员的意愿，自行制定规则，并据此对行业内成员进行的管理活动。会计工作的行业自律管理是会计行政管理的必要补充，有助于督促会计人员依法开展会计工作，树立良好的行业风气，促进行业的发展。在我国，会计行业影响力较大的自律性社会团体主要有中国注册会计师协会、中国会计学会和中国总会计师协会等。

一、中国注册会计师协会

（一）协会简介

中国注册会计师协会（以下简称“中注协”）是在财政部党组和理事会领导下

开展行业管理和服务的法定组织，依据《注册会计师法》和《社会团体登记管理条例》的有关规定设立，承担着《注册会计师法》赋予的职能、财政部党组委托和财政部领导交办的职能，以及协会章程规定的职能，成立于1988年11月。协会的宗旨是服务、监督、管理、协调，即以诚信建设为主线，服务本会会员，监督会员执业质量、职业道德，依法实施注册会计师行业管理，协调行业内、外部关系，维护社会公众利益和会员合法权益，促进行业科学发展。

截至2023年12月31日，中注协有单位会员（会计师事务所）10 665家（包括分所），个人会员超过36万人，其中，注册会计师102 017人，非执业会员262 514人。

（二）协会的业务范围

中国注册会计师协会的业务范围有：

（1）拟订注册会计师执业准则、规则，监督、检查实施情况；

（2）制定行业管理规范；

（3）制定注册会计师审计数据规范、行业管理服务数据规范和会员电子证照等团体标准；

（4）教育会员及从业人员遵守行业相关法律法规，组织开展行业诚信建设，督促行业履行社会责任；

（5）组织对注册会计师的任职资格、注册会计师和会计师事务所的执业情况进行检查，对违规行为予以惩戒或实施自律监管措施；

（6）组织实施注册会计师全国统一考试；

（7）组织、推动会员培训工作和行业人才建设工作；

（8）组织业务交流，开展理论研究，提供技术支持；

（9）开展注册会计师行业宣传；

（10）协调行业内、外部关系，支持会员依法执业，维护会员合法权益；

（11）代表中国注册会计师行业开展国际交往活动；

（12）组织实施注册会计师行业信息化建设；

（13）指导省、自治区、直辖市注册会计师协会工作；

（14）办理法律、行政法规规定和国家机关委托或授权的其他有关工作。

（三）协会会员制度

1.单位会员

依法批准设立的会计师事务所，可申请成为单位会员。

2.个人会员

凡参加注册会计师全国统一考试全科合格并经申请批准者和依照规定原考核取得会员资格者，为个人会员。个人会员分为执业会员和非执业会员。其中，依法取得中国注册会计师执业证书的，为执业会员。

二、中国会计学会

（一）学会简介

中国会计学会创建于1980年，是财政部所属由全国会计领域各类专业组织，以及会计理论界、实务界专业人员自愿结成的学术性、专业性、非营利性社会组织。中国会计学会在财政部领导的重视与支持下，围绕财政、会计工作的改革与发展，较好地发挥了理论先导、政策宣传、知识传播、发现人才的作用。目前中国会计学会已成为联系政府机构、工商界和学术界的桥梁和纽带，是会计精英就财务会计改革与实践进行交流的高层次平台。

中国会计学会以组织、推动会计理论和实务交流，建立和完善适应社会主义市场经济发展需要的、具有国际影响力的会计理论与方法体系，向会员提供终身持续的专业化服务为目标。中国会计学会单位会员涵盖全国各省级会计管理机构、国有大中型企业、大专院校等，个人会员多在各自领域担任重要职务。

（二）学会的业务范围

（1）组织协调全国会计科研力量，开展会计理论研究和学术交流，促进科研成果的推广和运用；

（2）总结我国会计工作和会计教育经验，研究和推动会计专业的教育改革；

（3）编辑出版会计刊物、专著、资料；

（4）发挥学会的智力优势，开展多层次、多形式的智力服务工作，包括组织开展中高级会计人员培养、会计培训和会计咨询与服务等；

（5）开展会计领域国际学术交流与合作；

（6）发挥学会联系政府与会员的桥梁和纽带作用，接受政府和其他单位委托，组织开展有关工作；

（7）其他符合学会宗旨的业务活动。

（三）学会会员制度

1.单位会员

下列各类组织可申请成为单位会员：

（1）各省、自治区、直辖市、计划单列市会计学会，新疆生产建设兵团会计学会和全国性专业会计学会；

（2）高等院校设立的会计系（或学院）等；

（3）科研单位设立的会计研究机构；

（4）大中型企业、行政单位、事业单位的财务会计机构；

（5）会计师事务所等经济类社会中介组织；

（6）其他机构。

2.个人会员

根据《中国会计学会章程》，下列个人可申请成为个人会员：

（1）在高等院校、科研单位从事会计教学、科研工作，并具有高级职称的人员；

（2）在大中型企业、行政单位、事业单位和中介机构从事会计或会计管理工作，并具有高级职称或相当水平的人员。

三、中国总会计师协会

（一）协会简介

中国总会计师协会（以下简称“中总协”）是经民政部批准，成立于1990年的跨地区、跨部门、跨行业的全国非营利一级社团组织，业务指导单位是财政部。中总协的会员为单位会员和个人会员。各省、自治区、直辖市、计划单列市总会计师协会或研究会，具有一定规模的大中型企业、事业单位等参加本协会，为单位会员。企业、事业单位的总会计师，包括首席财务官、管理合伙人、财务主管、财务总监等；履行总会计师职责的会计师，包括企业、事业单位和社会组织从事会计管理工作的人员；取得高级会计师、高级审计师、高级经济师职称、相关职业资质或相关专业的副教授、副研究员以上人员；知名会计专家、教授、学者以及在发展我国总会计师事业中作出较大贡献的专业人士，可参加本协会，成为个人会员。

协会的宗旨是：以邓小平理论、“三个代表”重要思想、科学发展观和习近平新时代中国特色社会主义思想为指导，坚持务实创新、家兴桥通的理念，及时反映市场对行业的需求，服务经济建设和社会发展；引导会员遵守国家法律、法规和政策，坚持诚信为本，操守为重；引导会员在企业和单位的战略规划、经营决策、过程控制、业绩评价中发挥专业支撑作用，有力促进管理升级，增强效益和价值创造力；服务会员，维护会员合法权益。

（二）协会的主要职责

（1）组织开展总会计师、履行总会计师职责的会计师及高级财会人员的岗位培训和继续教育；

（2）组织开展财会人员岗位培训和继续教育；

（3）组织开展总会计师及后备人员职业能力水平评价工作；

（4）组织开展管理会计师职业能力水平评价工作，探索基于业财融合的管理会计人才培养的其他途径；

（5）依法主办本会的刊物和网站，依照有关规定，编辑出版本会业务范围内相关的书籍、资料，以各种形式开展行业宣传和业务培训；

（6）组织会计理论研究，开展专题调研，提供政策建议；

（7）组织会计信息交流，开展业务咨询服务；

（8）代表我国总会计师行业开展对外交流和国际交往活动；

（9）制定行业自律规范，开展诚信守法教育，促进会计人员树立良好职业道德；

（10）依法维护会员合法权益；

（11）接受财政部和有关部门授权和委托，组织开展有关工作等。

第三节 单位内部会计工作管理

一、单位负责人的职责

单位负责人是指单位法定代表人或者法律、行政法规规定代表单位行使职权的主要负责人。单位负责人主要有两类：一是单位的法定代表人，指依法代表法人单位行使职权的负责人，如国有工业企业的厂长（经理）、公司制企业的董事长、国有机关的最高行政官员等；二是按照法律、行政法规的规定代表单位行使职权的负责人，具体指代表非法人单位行使职权的负责人，如代表合伙企业执行合伙企业事务的合伙人，个人独资企业投资人等。

单位负责人对本单位会计工作和会计资料的真实性、完整性负责，保证会计机构、会计人员依法履行职责，不得授意、指使、强令会计机构和会计人员违法办理会计事项。

二、会计机构的设置

各单位应当根据会计业务的需要，设置会计机构，或者在有关机构中设置会计人员并指定会计主管人员，不具备设置条件的，应当委托经批准设立从事会计代理记账业务的中介机构代理记账。一个单位是否需要设置会计机构，一般取决于单位规模的大小，经济业务和财政收支的简繁，以及经营管理的要求。

三、会计人员的选拔与任用

会计人员应当具备从事会计工作所需要的专业能力。担任会计职务应当通过相应级别的会计专业技术资格考试或考评，担任单位会计机构负责人（会计主管人员）的，应当具备会计师以上专业技术职务资格或者从事会计工作三年以上经历。取得相关资格或符合有关条件的会计人员能否具体从事相关工作，由所在单位自行决定。单位应加强对本单位会计人员的管理，依法合理设置会计岗位，督促会计人员按照国家统一会计准则制度的规定进行会计核算和监督。

四、会计人员回避制度

国家机关、国有企业、事业单位任用会计人员应当实行回避制度。单位领导人的直系亲属不得担任本单位的会计机构负责人、会计主管人员。会计机构负责人、会计主管人员的直系亲属不得在本单位会计机构中担任出纳工作。

需要回避的直系亲属：夫妻关系、直系血亲关系、三代以内旁系血亲以及近姻亲关系。

复习题

一、单项选择题

1.下列不属于“国家会计工作管理体制”内容的是（　　）。

A.会计工作的行政管理　　B.会计工作行业自律管理

C.会计技术职称管理　　D.单位内部会计工作管理

2.成立于1980年的会计行业自律性社会团体是（　　）。

A.中国注册会计师协会　　B.中国会计学会

C.中国总会计师协会　　D.中国会计师协会

3.成立于1988年的会计行业自律性社会团体是（　　）。

A.中国注册会计师协会　　B.中国会计学会

C.中国总会计师协会　　D.中国会计师协会

4.成立于1990年的会计行业自律性社会团体是（　　）。

A.中国注册会计师协会　　B.中国会计学会

C.中国总会计师协会　　D.中国会计师协会

二、多项选择题

1.下列属于会计工作行政管理内容的有（　　）。

A.制定国家统一的会计准则制度　　B.会计市场管理

C.会计专业人才评价　　D.会计监督检查

E.会计报告真实性评估

2.我国会计行业影响力较大的自律性社会团体主要有（　　）。

A.中国注册会计师协会　　B.中国会计学会

C.中国总会计师协会　　D.中国商业会计学会

E.中国会计师协会

3.会计市场管理包括会计市场的（　　）、（　　）和（　　）。

A.准入管理　　B.过程管理

C.服务管理　　D.档案管理

E.退出管理

三、填空题

1.《会计法》第七条规定，国务院财政部门主管全国的（　　），县级以上地方各级人民政府财政部门管理本行政区域内的（　　）。

2.我国会计工作实行（　　），（　　）体制。

四、判断题

1.截止到2023年12月31日，中国注册会计师协会个人会员超过36

万人。（ ）

2. 截止到2023年12月31日，中国注册会计师协会有单位会员（会计师事务所）10 665家（包括分所）。（ ）

3. 国家机关、国有企业、事业单位任用会计人员应当实行回避制度。（ ）

4. 单位不论大小，都要设置会计机构。（ ）

5. 会计人员应当具备从事会计工作所需要的专业能力。（ ）

6. 担任会计职务只需要主管部门批准即可，不需要相应级别的会计专业技术资格考试或考评。（ ）

五、名词解释

1. 国家会计工作管理体制

2. 行业自律管理

3. 中国注册会计师协会

4. 中国会计学会

5. 中国总会计师协会

六、简答题

1. 国家会计工作管理体制主要包括哪些内容？

2. 会计工作行政管理包括哪些内容？

第五章

会计改革与发展

2017年，随着管理会计的火热、会计从业资格证的取消、财务共享中心的进一步推广，再到财务机器人、财务大数据、区块链技术的应用进入公众视野，会计行业正在经历前所未有的变革，互联网、大数据、云计算、人工智能、区块链等新技术都将给会计工作带来颠覆性的影响。在科技创新和商业模式创新双重影响下，会计职能在新时代发生了巨大变化，会计不再是仅从事基础核算工作的“算账人”，而是更多地参与企业的预算管理、绩效管理、成本管理、运营管理的管理者，更是参与企业投资、融资决策和内部控制活动的管理者。

会计职业，还像传统的观念一样，越老越值钱吗？

会计人员还能故步自封，不求进步，对时代变化的声音充耳不闻吗？

第一节 会计学科优势及面临的机遇与挑战

一、会计学科的优势

1.经济越发展，会计越重要

“十四五”时期是我国全面建成小康社会、实现第一个百年奋斗目标之后，乘势而上开启全面建设社会主义现代化国家新征程、向第二个百年奋斗目标进军的第一个五年。《会计行业人才发展规划（2021—2025年）》指出，我国已转入高质量发展阶段，加快构建以国内大循环为主体、国内国际双循环相互促进的新发展格局，推进国家治理体系和治理能力现代化，将促使广大会计人才在挖掘经济增长潜能、优化经济结构，加强财会监督、防范化解重大风险，提升会计服务业发展能级和竞争力，推动经济社会持续健康发展等方面发挥更大作用。

随着新技术在财经领域的广泛应用，会计工作的效率和准确性大大提高，会计职能由以会计核算为主向会计管理为主转化，预测经济前景、参与经济决策、规划经济目标、控制经营过程、分析经营状况、考评经营业绩等对推动经济高质量发展起到一定的促进作用，高层次复合型的人才需求更加迫切。

2.无处不有，容易就业

上到联合国，下到夫妻店，会计无处不有，会计无处不在，三百六十行，行行用会计，凡是有组织的地方，都有会计的存在。这说明社会对会计人才需求量大，会计工作具有门槛低、就业面广、职业寿命长、男女皆宜等优势，和那些社会需求量极少的专业相比，无疑具有得天独厚的优势。

3.工作环境比较优越

会计工作环境比较优越，一台电脑、一台打印机、一台复印机，电话、传真、凭证、账簿、报表，就把全部工作都在办公室内完成。正如人们所说，风吹不着，雨淋不着，冻不着，热不着，累不着。和其他一些行业相比，这无疑也是一个优势。

4.会计工作重要，地位高

企业的财务状况、经营成果、现金流量、资金来龙去脉，只有会计最清楚，所有的权利当中，“财权”无疑是最重要的，虽然“钱”不是万能的，但没有“钱”是万万不能的。财务部门属于企业的核心部门，在企业中的地位较高，相其他部门，在公司更受尊重。

国务院前副总理姚依林曾在全国企业家大会上说过，一个不支持会计工作的厂长不是好厂长，一个不懂会计的厂长是不称职的厂长。可以看出，会计在企业中的重要性。经济越发展，会计越重要，这是不争的事实，正如著名会计学家郭道扬教授在《会计史教程》第一卷中所说：“一部会计发展史表明，自有天下之经济，便必有天下之会计，经济世界有多大，会计世界便有多大。一部会计史还表明，自从有了国家，国家便离不开会计，会计工作牵系着国家之兴衰，政权之安危；自从有了企业，企业便离不开会计，会计事关企业经济之起落，经营之成败，乃至企业的发展速度与规模；自从一夫一妻制家庭的建立，家计便成为治家理财之重要组成部分。”可见，学习会计对个人、对家庭、对企事业单位、对社会都大有益处，对从事或将要从事经济管理工作和企事业单位经营管理工作的人而言，其重要性是不言而喻的。

二、会计学科专业人才面临的机遇

未来会计人才拥有更多机遇，经济发展对会计人才的需求更多、对会计人才的才能要求更高，会计人才拥有更广泛的职业选择，必将成为经济舞台上的主角。

1.未来经济对会计从业人员的数量需求扩大

经济发展方式的转变、经济主体逐步多元化，信息技术迅猛发展，资本市场不断扩大，这一切导致了我国会计事业的巨变。我国的会计工作从过去的记账、算账、报账，发展到价值管理、风险管理，参与决策；会计信息从过去的“报表数字”，发展成为资源配置和投资决策的重要依据，管理会计在企业将得到广泛的应用。

2.未来经济对会计人才的需求层次提高

中小企业传统的记账、算账、报账的“簿记式”会计已不能适应经营管理的需要，“簿记式”的会计必然要上升到战略管理会计的高度，会计的从业人员必须懂得内控、预算、投资管理、风险管理和信息系统架构等新知识，才能胜任在新时代条件下的工作需要。

未来新经济环境下信息技术日新月异，技术进步大大降低信息生产和传输成本，但并没有因此削弱高级会计人员在信息服务上的优势，传统会计从业人员特有的技术优势将消失殆尽，取而代之的将是那些懂得企业资源计划（ERP），熟悉会计信息系统，了解如何设计和维护会计系统、如何结合企业内外环境中相关因素协助公司决策者准确解读和有效利用会计系统生产的信息的高级会计人员。

国家大数据战略和“互联网+”行动计划的实施，为信息技术在会计领域的深入应用奠定了坚实基础，“互联网+会计”“大数据与会计”“云计算与会计”等会计信息化技术对会计人才的需求将明显增加。

全球经济一体化，国内各行业面临国际化竞争，会计准则与国际趋同，也增加了对高端会计人才的需求。

具备CPA（注册会计师）资格的高级会计人员并不多，具备国际会计资格证书的高级会计人才更不多。根据全球最大的人力资源咨询公司Robert Half International（RHI）的一项调查发现，大部分的CFO都表明具有相关会计证书对会计职业生涯是非常有价值的。这些证书包括美国注册管理会计师（CMA）、注册会计师（CPA）、国际注册内部审计师（CIA）等。

可以预见，未来高素质、复合型、国际化的高端会计人才将获得更多机遇，这些人才应当精通会计专业技能，掌握较扎实的经济学理论基础，善于管理，熟悉金融、法律、会计信息化，具有国际视野和战略思维。

3.未来经济为会计人才提供广阔发展空间

选择会计学科各专业的学生，今后既可以从事会计实务工作，也可以继续深造，攻读研究生，从事高级会计相关实务工作或从事研究工作，未来经济发展为会计人才职业选择提供了广阔的发展空间。

如果对研究感兴趣或欲进入较高端会计实务领域的学生可以考虑考取研究生。但如果数学不好，可以考专业硕士；如果数学、外语都不好，就不要选择考研这条路，先就业，积累经验，以利再战，毕竟会计这一行，经验非常重要。高级会计研究人员未来发展也将机遇无限。巴菲特的价值投资理念最关注的就是公司的财务报表，然后加上自己独特的研究分析，使之成为世界第一富翁，其导师格雷厄姆的经典著作《上市公司财务报表解读》是其最初且一直坚持的投资指南。

4.会计专业的就业形势与就业部门

从理论上讲，会计学科的人才可以到一切营利组织和非营利组织（简言之，就是一切组织单位）从事会计、财务、审计、税务、金融等工作。但从实践上看，并非如此，一要看机遇，二要看能力。没有机遇，再有能力，也无用武之地；反之，没有能力，再有机遇，也不能胜任工作。

一般而言，内资企业对会计人员的需求量大，工资待遇相对其他行业处于中上等水平；外资企业待遇好，专业技术水平要求高，对外语的要求更高，工作更辛苦；行政事业单位会计人员工作比较稳定，压力较小，工作比较轻松；会计师事务所收入高低不等，收入直接与事务所规模、影响范围、人才素质、业务量多少挂钩；商业银行、证券部门、审计机关、税务部门、金融部门、政府机关、行政部门、学校……都有会计的身影。会计可谓无处不在，无处不有。

三、会计学科专业人才面临的挑战

1.面对国际化复合会计人才需求的挑战

经济全球化时代，生产、交易、资本等经济行为和生产要素已超越国界，在世界范围内流动和配置，会计人才面对全球化带来机遇的同时也必须正视挑战，这包括全球化时代会计人才、会计师事务所及会计理论研究等国际化问题。

国际化的复合会计人才是我国深入参与经济全球化的重要基础。国际化复合会计人才应该掌握国际通行的会计、审计标准，了解国际贸易和商务规则，熟悉国际环境，能为企业提供会计、审计服务，更能在企业国际资本运作、组织管理、政策咨询和国际战略上提供优质服务。我国会计从业人员虽然众多，但有国际化经验，熟悉会计规则，又不过于僵化会计国际化问题，能创造性地开展工作，把会计理论、会计执业和会计管理等领域的工作整合起来的会计人才还远远不够。

2.面对市场化的挑战

未来的财务报告将面对来自各种非财务信息的挑战，如果会计人员不能洞察市场客户的信息需求、增强服务理念，将面临被动局面，这就要求会计从业人员必须转变观念、开拓创新。

未来的会计不仅要从公司治理、资本运作、风险管理等多个层面重新思考，还要主动发现市场需求，提高会计服务的主动性、敏感性，为客户提供充分的决策有用信息。

会计人员要学会从投资者、CEO、监管者和普通大众的角度看待会计，看待会计语言，采取必要的方式使会计语言更加通俗易懂，更加方便交流和有效利用。

为提高会计信息的认知度，提升会计在宏观经济中的地位和作用，有专家建议，研究和分析会计信息与经济风险、市场整体运行之间的内涵关系，设计一套具有宏观经济“晴雨表”作用的会计“CPI”，并有效建立数据采集和分析系统，将会计与统计结合起来，对分布于各行各业、产业链上下游的会计信息进行深度分析、判断，对市场整体运行状况起到评价、引导、预警作用。

3.面对信息化的挑战

国际会计准则正在以非常快的速度在世界范围内被认同和接受，如果所有公众和绝大多数的企业都使用统一的报告框架，那么，一种适应新信息技术传媒时代的全球一体化的财务信息传递方式，也将变得可行。信息化环境下，一些崇尚时效的未来投资者们，可能通过短信、语音和在线沟通的方式进行日常交流，会计也将面对这类投资者需求变化的挑战。可以预见，会计人员将改变原来纸质的财务报告形式，考虑传媒技术的新变化，向投资者发布形式丰富、方便快捷的财务报告。

此外，信息化环境下，企业还面临信息技术本身的问题，面临信息系统维护、数据更新和信息利用工作，面临信息监督等许多问题。

4. 面对诚信的挑战

诚信是会计行业的核心价值观，是会计行业的灵魂，会计诚信是整个经济健康运行的重要基石。随着我国经济的发展，市场化程度逐步深入、市场交易更加复杂化、市场利益不断交织，这些都对会计诚信提出挑战。

每一次诚信危机过后，总有新的制度来进一步规范会计师的诚信问题，如美国的SOX法案，但应当明确，任何制度都不如公众的信心重要。新经济环境下，公众信心的丧失可能造成一个企业的迅速灭亡。我国目前仍处于转轨经济过程中，法治建设没有完全到位，一些经济体制、制度仍有待完善，会计从业人员在面对利益冲突时，可能面临诚信原则的挑战。因此，坚持会计人员职业道德，准确把握各项会计、审计准则，坚持正确的职业判断尤为重要。

随着我国经济改革的不断深化和市场经济的不断发展，未来会计行业及会计人才必将机遇无限，但我们也必须正视如经济全球化、技术信息化及诚信问题等多方面的挑战。面对挑战，会计人才必须以科学发展观为指导，不断解放思想、开拓创新、大胆探索，不断适应新的变化，使会计行业更具活力，拥有更加美好的未来！

第二节 会计改革与发展“十四五”规划纲要

财政部制定的《会计改革与发展“十四五”规划纲要》展现了会计改革与发展前景，包括分析“十四五”时期会计改革与发展面临的形势与挑战、规划“十四五”时期会计改革与发展面临的形势与挑战、总体要求、主要任务、保障措施四大方面，具体内容如下：

会计改革与发展“十四五”规划纲要[①]

为科学规划、全面指导“十四五”时期的会计改革与发展，根据《中共中央关于制定国民经济和社会发展第十四个五年规划和二〇三五年远景目标的建议》、《中华人民共和国国民经济和社会发展第十四个五年规划和2035年远景目标纲要》、《财政“十四五”规划》（财综〔2021〕38号）和《国务院办公厅关于进一步规范财务审计秩序　促进注册会计师行业健康发展的意见》（国办发〔2021〕30号）有关精神，我们制定了本规划纲要。

一、面临的形势与挑战

（一）“十三五”时期会计改革与发展回顾。

“十三五”时期是会计改革与发展推陈出新、成果丰硕、具有重要意义的五

① 财政部．关于印发《会计改革与发展“十四五”规划纲要》的通知［EB/OL］．［2021-11-24］．http：//kjs.mof.gov.cn/gongzuodongtai/202111/t20211126_3769461.htm.

年，《会计改革与发展“十三五”规划纲要》（财会〔2016〕19号）确定的各项任务基本完成，为会计工作进入新的高质量发展阶段打下坚实基础。

——会计法治建设成效显著。《中华人民共和国会计法》《中华人民共和国注册会计师法》修订取得阶段性进展，《会计档案管理办法》（财政部 国家档案局令第79号）、《会计师事务所执业许可和监督管理办法》（财政部令第89号）等4项部门规章修订并有效实施，《财政部关于加强国家统一的会计制度贯彻实施工作的指导意见》（财会〔2019〕17号）等16项规范性文件相继出台，会计人员诚信建设扎实推进，良法促进发展保障善治的会计法治环境正在逐步形成。

——政府会计改革全面推进。从无到有，包括1项基本准则、10项具体准则及2项应用指南、1项统一的政府会计制度和3项解释在内的具有中国特色的政府会计准则制度体系基本建成并稳步实施，为深化权责发生制政府综合财务报告制度改革夯实制度基础，为开展政府信用评级、加强资产负债管理、改进政府绩效监督考核、防范财政风险等提供支撑。

——企业会计标准持续完善。坚持与国际财务报告准则持续趋同的总基调，收入、金融工具等11项具体准则及5项准则解释修订印发并得到有效实施，建立企业会计准则实施机制以积极回应并解决会计准则实施中的技术问题，为助力供给侧结构性改革、服务经济社会和资本市场健康发展提供高质量会计信息支持。

——社会审计标准更加健全。保持与国际审计准则、国际会计师职业道德守则的持续动态趋同，修订33项注册会计师审计准则以及会计师事务所质量管理准则、注册会计师职业道德守则，完成注册会计师审计报告改革，推动会计师事务所建立健全质量管理体系，大力提升注册会计师执业质量和职业道德水平。

——会计职能转型实现突破。着眼于服务各类单位提高内部管理水平和风险防范能力，管理会计指引体系基本建成并得到广泛应用，内部控制建设防风险、防舞弊的作用日益显现，电子会计凭证应用全面推开，统一的会计数据标准更加健全，会计职能实现从传统的算账、记账、核账、报账向价值管理、资本运营、战略决策辅助等职能持续转型升级。

——会计人才素质明显提升。会计人才培养方式持续创新，职称制度改革深入推进，人员队伍结构持续向好，具备初、中、高级资格会计人员分别达到670.20万人、242.02万人和20.57万人，重点人才培养工程陆续推出，高端人才培养力度持续加大，为行业改革与发展提供人才保障。

——会计服务市场更加繁荣。以无纸化、“零跑路”为重点，持续深化会计领域“放管服”改革，积极打造更友好的营商环境。大力倡导质量优先发展，狠抓服务质量整治，会计审计业监管不断加强，会计审计工作质量得到有效改善。注册会计师行业收入年均增长率超过10%，代理记账行业收入年均增长率达到31%，会计服务市场活力得到充分激发。

——对外交流合作不断深化。全面参与会计国际标准的制定和重要会计国际机构治理，不断增强我国在会计国际规则制定的话语权，会计合作写入金砖国家领导人厦门宣言，“一带一路”国家会计准则合作论坛成功举办，双边、多边会计合作进展显著，我国在会计领域的国际影响力得到显著提升。

在肯定会计改革与发展取得成绩的同时，应当正视会计工作中存在的问题和不足，主要表现在会计审计标准体系建设仍需加强、会计服务市场管理仍需创新、会计审计工作质量仍需提升、高端人才供给仍显不足、法治建设仍有差距、数字化转型仍需加快，这些问题需要在“十四五”时期通过制度创新、体制优化、机制变革切实加以解决。

（二）“十四五”时期会计改革与发展面临的形势与挑战。

“十四五”时期是会计工作实现高质量发展的关键时期，会计作为宏观经济管理和市场资源配置的基础性工作，在我国全面深化改革和深度融入经济全球化的进程中，面临难得的发展机遇，同时也面临着诸多挑战。

——从国际看，一方面，世界正经历百年未有之大变局，国际形势的不稳定性不确定性明显增加。新冠肺炎疫情大流行影响广泛深远，经济全球化遭遇逆流，外部环境面临深刻而复杂的变化，将会深刻影响现有国际会计秩序。另一方面，和平与发展仍然是时代主题，人类命运共同体深入人心，多边主义仍是国际关系主流，全球经贸往来频繁，跨境资本流动规模增加，跨境会计、审计合作及监管面临新的挑战。

——从国内看，一方面，我国已开启了向第二个百年奋进的新征程，经济增长已由高速增长阶段转向高质量发展阶段，制度优势和治理优势不断凸显，市场配置资源的决定性作用显著增强，公平的营商环境持续优化，宏观经济政策不断完善，宏观治理手段不断丰富。会计信息在经济发展、营商环境优化和宏观经济决策方面发挥着越来越重要的作用。另一方面，随着新一轮科技革命和产业变革深入发展，经济转型升级和创新发展中新的商业模式层出不穷，将深刻影响会计政策的发展与走向，会计工作在职能职责、组织方式、处理流程、工具手段等方面发生着重大而深刻的变化，挑战与机遇并存。

面对这些新情况、新问题、新挑战、新机遇，要求会计法治、会计标准不断健全完善、有效实施，要求会计人员持续提升素质、加速转型，要求会计管理部门继续转变观念、创新管理、改进方法，在认真总结过去五年会计工作成绩经验基础上，准确把握新发展阶段、深入贯彻新发展理念、加快构建新发展格局，助推会计工作运用新技术、融入新时代、实现新突破，扎实推进会计改革与发展各项工作，助力国家治理体系和治理能力现代化。

二、总体要求

（一）指导思想。

“十四五”时期，会计改革与发展的指导思想是：深入学习贯彻习近平新时代中国特色社会主义思想和党的十九大以及十九届二中、三中、四中、五中、六中全会精神，增强“四个意识”、坚定“四个自信”、做到“两个维护”，紧紧围绕服务经济社会发展大局和财政管理工作全局，立足新发展阶段、贯彻新发展理念、构建新发展格局，以推动高质量发展为主题，以深化供给侧结构性改革为主线，以改革创新为根本动力，以维护市场经济秩序和公众利益为根本目的，统筹国内国际两个大局，牢牢把握会计审计标准制定和实施“两个重点”、切实抓好行业和人才队伍“两个管理”、持续强化法治化和数字化“两个支撑”、努力实现会计职能对内对外“两个拓展”，积极推动我国会计事业取得新成绩、实现新跨越，为推进国家治理体系和治理能力现代化，实现社会主义现代化和第二个百年奋斗目标作出新的更大贡献。

（二）基本原则。

——坚持党的领导。坚持党对会计改革与发展的全面领导，完善党领导下会计管理工作的制度机制，提高会计工作贯彻新发展理念、构建新发展格局的能力和水平，为实现会计改革与发展目标任务提供根本政治保证。

——坚持依法治理。坚持强化会计法治建设，按照科学立法、民主立法原则，持续推动会计立法、普法、执法工作，建立健全会计法律制度体系，加强会计监督、加大违法惩处力度、加快推进职业道德建设，有效发挥法治固根本、强根基、利长远的保障作用。

——坚持创新变革。贯彻新发展理念，不断推进会计管理制度创新，推动会计管理体制机制变革，破解会计管理工作中的重点难点问题，破除会计改革与发展中的制度性障碍，持续推动会计事业健康有序发展。

——坚持融合发展。坚持将会计工作摆到经济社会发展大局和财政管理工作全局中去布局、去谋划，以数字化技术为支撑，推动会计工作与国家宏观经济管理工作、单位经营管理活动深度融合，充分发挥会计工作基础性服务功能，不断提高会计工作服务经济社会发展的效能。

——坚持开放包容。坚持开放、包容、普惠、平衡、共赢的发展原则，践行习近平总书记“构建人类命运共同体”重要思想，统筹国内国际两个大局，深度参与会计领域国际治理和国际标准制定，持续加强会计领域国际交流与合作，不断提高我国在会计领域的国际话语权和影响力。

（三）总体目标。

“十四五”时期，会计改革与发展的总体目标是：主动适应我国经济社会发展客观需要，会计审计标准体系建设得到持续加强，会计审计业发展取得显著成效，会计人员素质得到全面提升，会计法治化、数字化进程取得实质性成果，会计基础性服务功能得到充分发挥，以实现更高质量、更加公平、更可持续的发展，更好服务我国经济社会发展大局和财政管理工作全局。

——会计审计标准更加科学。会计准则体系、管理会计指引体系、内部控制规范体系、会计信息化标准体系以及注册会计师职业准则体系等各类会计审计标准体系得到进一步完善，对基层会计实务工作的指导更加精准，对标准实施情况的跟踪反应机制更加及时高效，切实推动各类标准体系得到有效实施。

——会计审计业实现高质量发展。会计审计领域“放管服”改革进一步深化，会计审计秩序进一步规范，执业环境得到明显改善，服务能力和水平持续提升，行业信誉度不断增强，跨部门、多维度的行业监管体制机制进一步健全，监管合力进一步增强，国际化发展步伐进一步加快，培育出一批具有国际竞争力的会计服务机构，在持续推进更高水平的对外开放中发挥积极作用。

——人才队伍结构持续优化。以经济发展需求和行业发展趋势为导向，建立健全分层次、分类型的会计人才能力框架体系，持续创新会计人才培养方式方法，持续改进会计人才评价体系和评价手段，持续丰富会计人员继续教育内容，推动会计人员专业技能和职业道德素养全面提升，会计人才结构更加优化、会计人才队伍不断壮大。

——会计法治更具约束刚性。推动加快修订《中华人民共和国会计法》《中华人民共和国注册会计师法》，同步加强相关配套规章制度立法工作，切实提高立法工作质量和水平。贯彻实施国家统一的会计制度的刚性要求和法律约束得到强化，会计监督体系更加健全有效，会计监督执法力量得到充实，会计监督检查方式得到丰富，执法必严、违法必究的法治氛围不断浓厚，为经济平稳运行和市场健康发展提供有效法治保障。

——会计职能实现拓展升级。以数字化技术为支撑，以推动会计审计工作数字化转型为抓手，健全完善各种数据标准和安全使用规范，形成对内提升单位管理水平和风险管控能力、对外服务财政管理和宏观经济治理的会计职能拓展新格局。

三、主要任务

（一）持续推动会计审计标准体系高质量建设与实施。

1.持续完善企业会计准则体系的建设与实施。

全面梳理并修订我国企业会计准则体系，明晰体系内各层级准则制度的框架和内容。加强企业会计准则前瞻性研究，主动应对新经济、新业态、新模式的影响，积极谋划会计准则未来发展方向。紧密跟踪国际财务报告准则项目进展和国内实务发展，找准企业会计准则国际趋同和解决我国实际问题之间的平衡点和结合点，更好地促进我国企业创新和经济高质量发展。根据国内实务发展和国际趋同需要，定期更新准则汇编、应用指南汇编，研究制定企业会计准则解释，研究修订会计科目和报表格式。整合社会多方力量参与企业会计准则制定的研究工作，加强企业会计准则与监管、税收等政策的协调，增强企业会计准则制定的针对性和适用性。健全完善适用于中小型企业的会计准则体系。加强会计准则委员会的建设，充分发挥会计准则委员会在企业会计准则制定中的作用。

完善企业会计准则制度执行的运行框架，加强企业会计准则实施前模拟测试，建立适合我国的企业会计准则实施评估机制，确保企业会计准则体系的有效运行。优化企业会计准则实施快速反应机制，及时跟踪企业会计准则实施情况，进一步建立健全企业会计准则实施问题收集渠道，做好上市公司财报分析工作，加强企业会计准则应用案例、实施问答等实务指导，及时回应市场关切。继续发挥由政府监管部门、企业、会计师事务所、理论学者等多方参与的企业会计准则实施机制的作用，探索建立常态化联合解决问题机制，加强信息共享与沟通，提高企业会计准则执行效果。

2.继续深化政府及非营利组织会计改革。

根据政府会计改革与发展需要，继续健全完善政府会计准则制度体系并推进全面有效实施。全面系统梳理政府会计准则制度体系并确立体系维护机制。加强对自然资源资产、文物文化资产、政府收入等政府会计问题的研究，制定有关政府会计具体准则。研究制定公立医院、高等学校、科学事业单位成本核算具体指引，扎实推进事业单位开展成本核算，研究行政单位成本核算相关问题。按年度制定发布政府会计准则制度解释，进一步明确准则制度中的相关规定。适时出台有关实施通知，进一步加强公共基础设施政府会计核算。加强对政府会计准则制度的宣传和培训，强化政府会计准则制度应用案例、实施问答等实务指导，及时回应和解决政府会计准则制度实施中的问题。健全完善政府会计准则制度建设与实施机制，积极发挥相关机制作用，推进政府会计准则制度全面有效实施。

适应非营利组织改革发展需要，修订完善非营利组织会计制度。修订发布工会会计制度及相关新旧衔接规定。适时修订民间非营利组织会计制度。加强对非营利组织会计制度的宣传和培训，推进相关会计制度全面有效实施。

进一步建立健全基金（资金）类会计标准，更好地满足相关改革发展需要。研究制定机关事业单位职业年金基金相关业务会计处理规定。配合相关基金（资金）管理改革需要，研究修订或制定相关基金（资金）类会计核算办法。加强对基金（资金）会计制度的宣传和培训，推进相关会计制度全面有效实施。

3.不断完善和有效实施注册会计师职业准则体系。

与时俱进完善注册会计师职业准则体系，充分发挥其对注册会计师专业服务的规范和引领作用。深入研究新技术对注册会计师行业服务手段、服务质量、服务效率和服务风险的影响，制定或修订风险评估、会计估计审计、集团审计、温室气体排放鉴证、特殊目的审计、服务机构鉴证、商定程序等注册会计师执业准则。

紧密跟踪注册会计师职业准则的实施情况，指导会计师事务所建立健全质量管理体系，积极发挥技术咨询作用，及时回应行业关切。做好注册会计师审计实务指南和问题解答工作，提高会计师事务所理解和执行注册会计师职业准则的能力。持续完善注册会计师职业道德守则，加强审计职业道德体系建设，强化注册会计师职业道德准则的贯彻实施，筑牢执业道德底线，稳固诚信执业生命线。

（二）全面推动会计审计业高质量发展。

1.依法整治行业秩序。

坚持系统思维、点面结合、综合施策，加强会计师事务所审计秩序整顿规范，紧抓质量提升主线，守住诚信操守底线，筑牢法律法规红线。建立健全监管合作机制，实现财会监督与其他监督有机贯通、协同发力。加强对会计师事务所与企业串联违规造假行为的惩戒，对弄虚作假、配合企业蒙骗监管部门和投资者的会计师事务所和注册会计师严惩重罚。严肃查处违法违规行为并曝光典型案例，着力整肃会计师事务所无证经营、网络售卖审计报告、注册会计师挂名执业、注册会计师超出胜任能力执业等行业乱象。按照“双随机一公开”原则，加强代理记账机构及其从事代理记账业务情况的监督检查，坚决依法惩处代理记账机构违法违规行为。

2.强化行业日常管理。

全面深化“放管服”改革，推动简政放权纵深发展。贯彻落实行政审批制度改革和简政放权要求，积极推进会计师事务所及其分所和代理记账机构执业许可行政审批制度改革，切实做好自贸区“证照分离”改革试点工作，进一步简化会计师事务所、注册会计师、代理记账机构审批业务流程、便利申请手续。探索建立审计报告数据单一来源制度，推动实现全国范围“一码通”。加强会计师事务所股东（合伙人）新增退出备案管理。调整完善市场禁入措施，积极推动改善执业环境，稳定会计师事务所发展预期。坚持问题导向，规范会计资料、审计底稿出境，保障会计审计数据安全。多措并举，进一步激发现代会计服务业市场主体活力。

充分发挥注册会计师协会、代理记账行业协会等社会组织自我服务、自律管理作用，加强行业协会管理，加强财政部门对行业协会的监督、指导，促进行业协会健康有序发展，做好相关行业的成长发展与监督约束。完善现代会计服务业政府行政管理、行业自律管理相互协调、相互配合、相互支撑的监管格局，加强行政监管队伍建设和能力建设，推动行政管理部门间的跨部门监管信息共享、共用，形成监管合力。

3.优化行业执业环境。

推动建立质量导向的会计师事务所选聘机制，着力解决注册会计师行业恶性竞争问题。完善会计师事务所风险保障机制，采取建立风险保障基金和注册会计师执业责任保险等方式，督促会计师事务所提升风险防御能力。加强会计师事务所一体化管理，出台一体化管理办法，建立可衡量、可比较的指标体系，引导会计师事务所在人员调配、财务安排、业务承接、技术标准和信息化建设方面实行统一管理。推动注册会计师行业、代理记账行业电子证照的应用推广，实现电子证照跨地区、跨部门共享和全国范围内互信互认。继续推动解决合伙制会计师事务所取消地域名问题，促进会计师事务所跨地域发展。支持中西部经济欠发达地区会计审计业发展。

4.提升行业服务能力。

结合大、中、小型会计师事务所特点，每年从一体化管理、信息化管理、“专精特”发展等方面树立典型示范，推广先进经验。着力培育一批国内领先、国际上有影响力的会计师事务所，助力更多自主品牌会计师事务所走向世界，积极打造注册会计师行业国际合作交流平台，服务中国经济参与和融入全球经济发展。创新继续教育方式，围绕专业胜任能力、职业技能、职业价值、职业道德等重点，丰富完善教育内容。充分利用信息技术手段，切实增强培训效果，持续保持和强化注册会计师专业胜任能力和职业道德操守，促进审计质量提升。

（三）培养造就高水平会计人才队伍。

1.健全会计人才评价体系。

探索建立以诚信评价、专业评价、能力评价为维度的会计人才综合评价体系，引导和教育广大会计人员诚信执业、提升能力。完善会计专业技术资格考试评价制度，做好会计专业技术资格考试和评审工作，充分发挥会计人才评价的导向作用。推动会计专业技术资格考试与注册会计师等职业资格考试科目互认、与会计专业学位研究生教育相互衔接，畅通各类会计人员流动、提升的渠道。

2.提高会计人员继续教育质量。

以经济发展需求和行业发展趋势为导向，以能力框架为指引，制定会计人员继续教育专业科目指南。修订中国注册会计师胜任能力指南。丰富继续教育内容和方式。积极推进继续教育信息化平台建设和应用。

3.抓好会计人才培养重大工程。

重点做好企业总会计师、行政事业单位财务负责人、会计师事务所合伙人等高端财会人才培训培养工作。继续做好国际化高端会计人才培养工程、会计名家培养工程等长期人才培养项目。组织开展会计人才能力框架研究工作。健全会计人才使用机制，加强会计人才库建设，使高端会计人才更好服务于会计事业改革与经济社会发展。积极支持各地区、各部门因地制宜开展高端会计人才培养使用工作。

4.推动学科发展和学历教育改革。

构建适应经济发展、产业结构调整、新技术革命和国家治理能力现代化等新形势的会计学科专业体系。配合教育部门深化会计学历教育改革，依托部分高校，聚焦直接影响会计学科专业建设的关键因素，从师资、课程、教材、教学内容与教学方式和实践基地等方面进行教改研究和探索。按照“产、学、研”一体化发展思路，优化会计学历教育人才培养结构，完善会计应用型人才培养机制。积极推进设立会计博士专业学位，完善会计专业学位体系，加强核心课程教材建设和会计专业学位教育质量认证，持续提升会计专业学位研究生培养质量。

5.加强会计人才培养基地建设。

充分发挥国家会计学院、会计行业组织（团体）在会计人才培养上的重要作用。积极推动国家会计学院"国际一流、中国特色"学院建设，支持国家会计学院开展高端财会人才培养、会计专业研究生教育、新型财经智库建设、财经国际交流合作等。加强国家会计学院建设发展情况的定期评价工作。加强对会计行业组织（团体）的指导和监督，支持其加强会员管理，开展会员培训。鼓励和引导高校、科研院所、企业等参与会计人才培养，共同提高会计人员能力水平。

（四）全面推进会计法治建设。

1.加快完善会计法治体系。

推动加快修订《中华人民共和国会计法》《中华人民共和国注册会计师法》及其配套规章制度，落实会计审计工作的主体责任，丰富行政监管手段，畅通单位内外部会计监督衔接渠道，加大对违法行为的惩处力度，完善民事责任承担机制，为持续推动会计审计工作法治化、规范化奠定制度基础。引导社会各方面广泛参与会计立法，在立法过程中同步推进释法宣法普法工作。创新运用多种方式开展会计普法教育，加强对新出台法律法规规章的解读，指导督促会计人员掌握法规制度、依法开展会计审计工作。通过立法普法，完善会计法治体系，构建科学立法、严格执法、公正司法、全民守法的会计法治体系。

2.切实加强会计执法检查。

围绕深化财会监督的要求，依法加大对上市公司、国有企业、金融企业等实体及相关会计师事务所检查力度，加大对违法违规行为的行政处罚力度和公开曝光力度。优化执法检查机制，统一执法标准、统筹执法计划、统合执法力量，提升执法检查的专业性、权威性。进一步强化部门协作机制，避免重复多头检查，切实做到有法必依、执法必严、违法必究。

3.持续推进会计诚信建设。

深入开展会计诚信教育，将会计职业道德作为会计人才培养、评价、继续教育的重要内容，推动财会类专业教育加强职业道德课程建设，不断提升会计人员诚信素养。加强会计诚信机制建设，依托会计管理信息平台，实现跨层级、跨部门、跨系统数据互联互通。加强会计诚信体系建设，全面建立会计行业信用记录，继续完善守信联合激励和失信联合惩戒机制。根据国家有关规定，加强对于诚实守信、忠于职守、坚持原则、作出显著成绩的会计人员的表彰奖励工作。加大会计诚信宣传力度，加强会计诚信文化建设，把法律规范和道德规范结合起来，以道德滋养法治精神，加强德治与法治的衔接与贯通，营造全行业守法、合规、诚信的向善向上氛围。

（五）切实加快会计审计数字化转型步伐。

1.积极推动会计工作数字化转型。

做好会计工作数字化转型顶层设计。修订《企业会计信息化工作规范》，将会计信息化工作规范的适用范围从企业扩展至行政事业单位，实现会计信息化对单位会计核算流程和管理的全面覆盖。加强会计数据标准体系建设，研究制定涵盖输入、处理和输出等会计核算和管理全流程、各阶段的统一的企业会计数据标准。进一步健全对企业业务全流程数据的收集、治理、分析和利用机制，推动统一的企业会计数据标准应用。探索建立跨平台、结构化的会计数据共享机制。制定、试点并逐步推广电子凭证会计数据标准，推动电子会计凭证开具、接收、入账和归档全程数字化和无纸化。推动企业将内控制度和流程嵌入信息系统，推动行政事业单位借助信息化手段确保内部控制制度有效实施，推动地方试点乡镇街道等基层行政单位借助信息化手段提升内部控制。研究信息化新技术应用于会计基础工作、管理会计实践、财务会计工作和单位财务会计信息系统建设。

2.积极推动审计工作数字化转型。

鼓励会计师事务所积极探索注册会计师审计工作数字化转型。大力推进函证数字化工作，加快推进函证集约化、规范化、数字化进程。积极推进函证数字化试点工作，制定、完善函证业务、数据等标准，加快函证电子化平台建设并规范、有序、安全运行，利用信息技术手段解决函证不实等问题，以提升审计效率效果、防范金融风险。研究制定注册会计师审计数字化转型相关指引，鼓励会计师事务所依法依规利用数字化审计技术。

3.积极推动会计管理工作数字化转型。

优化全国统一会计人员管理服务平台，持续采集更新会计人员信息，完善会计人员信用信息，有效发挥平台社会服务功能，提高会计人员管理效率。完善财政会计行业管理系统，加大会计师事务所信息披露力度，满足企事业单位选聘会计师事务所信息需求。升级全国代理记账机构管理系统，积极探索依托信息化手段，实现对行业发展状况的实时动态跟踪，完善对代理记账机构的信用信息公示，提升事中事后监管效能。稳步推进会计行业管理信息化建设，发挥会计数据标准的作用，打通不同平台之间的数据接口，运用会计管理大数据，为提升国家治理体系和治理能力现代化提供数据支撑。

（六）大力推动会计职能拓展。

1.推动会计职能对内拓展。

加强对企业管理会计应用的政策指导、经验总结和应用推广，推进管理会计在加速完善中国特色现代企业制度、促进企业有效实施经营战略、提高管理水平和经济效益等方面发挥积极作用。加强管理会计在行政事业单位的政策指导、经验总结和应用推广，为行政事业单位提升内部治理水平作出有益探索。全面修订完善内部控制规范体系，有针对性地加强内部控制规范的政策指导和监督检查，强化上市公司、国有企业、行政事业单位建立并有效实施内部控制的责任，为各类单位加强内部会计监督、有效开展风险防控、确保财务报告真实完整夯实基础。贯彻绿色发展理念，按照国家落实“碳达峰、碳中和”目标的政策方针和决策部署，加强可持续报告准则的研究，适时推动建立我国可持续报告制度。

2.推动会计职能对外拓展。

服务政府预算管理、资产管理、债务管理、绩效管理等需要，推动有关各方加强对政府会计信息的分析应用，为提升政府部门财务管理水平和财政可持续性提供信息支撑。服务宏观经济管理需要，推动企业财务数据的有效分析运用，为财政部门及相关方面评估国家宏观经济运行和财政税收政策效果、做好相关政策决策等提供信息支撑。服务政府监管需要，探索企业财务报表数据共享试点，以会计数据库为基础，开发分析模型，分阶段形成非现场监管能力，支持会计准则高质量实施、审计质量提升以及其他监管工作，为会计监管数字化提供支撑。服务企业可持续发展需要，探索、总结、推广现代会计服务业在推动社会价值创造中的实践经验，及时总结推广数据增信缓解中小微企业融资难、融资贵等会计改革创新成果，充分发挥会计职能在市场资源配置中的作用，为企业创新发展提供支撑。

（七）全面参与会计国际治理。

1.深度参与国际会计标准制定。

全面参与企业会计准则国际治理体系建设，实现在企业会计准则国际治理体系各个层级中有中方代表参与、在双边多边会计交流合作国际场合中反映中国声音、在支撑参与国际治理的各项基础能力建设工作中夯实制度基础，建立健全并严格执行准则项目研究报告制度、国际会计人才培养制度和涉外人员管理协同制度，有效提升参与企业会计准则国际治理能力。积极参与国际公共部门会计准则制定。

全面系统梳理会计国际治理层级，科学研究确立各层级参与策略，不断加大参与力度。全面参与国际财务报告准则基金会监督委员会、受托人、国际会计准则理事会、咨询委员会等治理层、核心技术层和战略层的各项事务，及时就会计国际治理体系改革重大问题加强协调沟通。加强国际会计技术前瞻性研究，广泛动员力量，积极发挥会计准则委员会作用，形成“目标统领、工作统筹、力量统合、口径统一”的整体工作格局。通过国际会计准则理事会解释委员会、会计准则咨询论坛、新兴经济体工作组及相关咨询工作组、全球主要会计学术组织等，多层次多渠道深度参与国际财务报告准则制定，密切跟踪国际可持续准则制定相关工作进展，充分发挥中方代表作用，在重大会计技术议题上阐明中方观点，影响国际准则制定。

2.持续深化多边双边会计交流合作。

积极发展全球会计领域伙伴关系，不断扩大会计国际交流合作范围。持续深化《“一带一路”国家关于加强会计准则合作的倡议》下的会计交流合作，提升“一带一路”国家准则建设和实施能力，定期召开合作论坛会议，相互宣传本国会计准则、法规和监管政策等，共同探索解决会计准则建设实施过程中面临的问题，更好地支持“一带一路”建设，实现互利共赢。充分利用亚洲—大洋洲会计准则制定机构组、世界准则制定机构会议、会计准则制定机构国际论坛、中日韩三国会计准则制定机构、国际会计师联合会、亚太会计师联合会等多边机制，协调立场，发挥参与技术研究、引领议题讨论等作用。继续推进与其他国家或地区会计准则制定机构的多边双边合作交流，争取支持，为我国企业会计准则建设和国际趋同创造有利环境。

3.稳妥推进会计服务市场双向开放。

秉持平等互利、合作共赢的原则，积极开展会计服务市场开放谈判，全面落实《关于建立更紧密经贸关系的安排》(CEPA)、《海峡两岸经济合作框架协议》(ECFA)，积极参与自由贸易区、自由贸易港建设。继续加强与其他国家或地区的会计审计跨境监管合作，在互相尊重主权和法律尊严的前提下，寻求灵活务实的跨境监管合作途径和方式，降低监管成本，提高监管效率。

4.研究资本市场开放相关会计审计政策。

适应资本市场开放要求，持续研究制定境外机构在华投融资会计审计标准适用政策。巩固与欧盟、英国、俄罗斯、中国香港会计准则等效成果。稳步推进中国—瑞士等会计审计准则等效互认磋商，加快推进中国—俄罗斯和中国—英国等审计准则等效互认磋商。

（八）加强会计理论和实务研究。

1.组织会计理论攻关。

围绕会计改革与发展重点任务开展前瞻性、战略性研究。围绕会计法规制度建设、会计工作转型发展等主题开展重大项目、重点课题研究，加快推出系列成果，切实促进学术成果转化应用，为有关政策的制定完善和有效实施提供科学论证和决策参考。

2.完善理论研究机制。

完善学术年会、专题研讨、专门论坛等学术活动机制，创新理论研究成果的转化应用机制，优化期刊选稿用稿、论文评选呈报、人才选拔推荐等学术评价机制，加强对政策导向和实务工作相关问题的研究，建立各级各类会计学会及其所属机构分工合作的学术工作机制，逐步形成以中国会计学会为引领，服务全国、协同高效的会计理论研究体系，结合会计改革发展进程组织开展案例研究，讲好中国故事。

3.深化国际学术交流。

充分发挥中国会计学会、国家会计学院等在深化会计国际学术交流中的平台作用，有效运用“一带一路”财经发展研究中心等国际合作机制，配合国家对外开放发展战略开展学术交流合作，更好地服务于经贸往来和资本流动。

四、保障措施

（一）加强组织领导。

要结合本规划纲要的内容，重点抓好《会计信息化发展规划（2021—2025年）》、《会计行业人才发展规划（2021—2025年）》和《注册会计师行业发展规划（2021—2025年）》三项子规划的编制实施，积极推动重点改革发展任务落地见效。各级财政部门和中央有关主管部门要重视和加强会计管理工作，统筹规划，组织协调，确保规划纲要的有效落实；指导、督促会计管理机构、会计行业组织、会计学会等加强协作、抓好落实，共同推进会计管理工作，促进本地区（部门）会计管理工作水平不断迈上新台阶。各地区（部门）应当积极推动规划纲要中重大的会计改革与发展举措与本地区（部门）的国民经济和社会发展“十四五”规划、财政“十四五”规划的有效衔接，充分发挥会计在推动经济社会发展中的基础性服务功能。有条件的地区（部门），可以结合实际研究制定本地区（部门）会计“十四五”规划或配套政策措施，确保有关重大会计改革任务如期完成、取得实效。

（二）健全会计管理机构。

各级财政部门要高度重视会计管理机构和队伍建设，进一步健全会计管理机构，充实会计管理队伍，落实会计管理经费，为会计改革与发展提供重要的组织、人力资源和资金保障。各级会计管理机构要增强服务意识，用好工作联系点制度，抓好窗口建设，进一步提升会计管理工作效能和服务质量。

（三）积极营造良好社会氛围。

各级财政部门和中央有关部门应当采取多种形式，广泛宣传规划纲要的基本内容，广泛宣传“十四五”时期会计改革与发展的目标任务，争取社会各界对会计改革与发展的理解、重视、支持，为全面深化会计改革与发展营造良好的社会氛围。

（四）建立健全考核检查机制。

各级财政部门和中央有关部门要对规划纲要确定的目标任务进行分解，并督促落实。要定期检查、评估纲要的落实情况，针对存在问题及时采取有效措施，确保规划纲要确定的各项目标任务落到实处、取得实效。

第三节 会计行业人才发展规划（2021—2025年）

财政部根据《中华人民共和国国民经济和社会发展第十四个五年规划和2035年远景目标纲要》、《财政“十四五”规划》和《会计改革与发展“十四五”规划纲要》有关精神，制定了《会计行业人才发展规划（2021—2025年）》（财会〔2021〕34号），提出了九条建设任务：加强会计诚信建设、构建会计人才能力框架、健全会计人才评价体系、完善继续教育管理体制机制、加强高端会计人才培训培养、推进会计学科专业体系建设、提升会计专业学位研究生教育质量、搭建会计人员管理服务平台、加大会计人才培养基地建设，以及五项重大工程：大中型企业总会计师培养工程、行政事业单位财务负责人培养工程、会计师事务所合伙人培养工程、会计教学科研人才培养工程、国际化高端会计人才培养工程。具体内容如下：

会计行业人才发展规划（2021—2025年）①

为深入实施新时代人才强国战略，培养造就高素质专业化会计人才队伍，为高质量发展提供人才支撑，根据《中华人民共和国国民经济和社会发展第十四个五年规划和2035年远景目标纲要》、《财政“十四五”规划》和《会计改革与发展“十四五”规划纲要》有关精神，结合会计人才工作实际，制定本规划。

一、发展情况和面临形势

（一）会计人才发展情况。

会计人才是我国人才队伍的重要组成部分，是维护市场经济秩序、促进经济社会发展、推动会计改革发展的重要力量。《会计行业中长期人才发展规划（2010—2020年）》实施以来，财政部门会同相关部门加快完善会计人才各项制度，有效实施会计人才培养重大工程，积极营造会计人才发展良好环境，会计人才规模有序增长、人才结构不断优化、人才竞争力明显提升，会计人才在推动各单位提高现代化管理水平、引导社会资源合理配置、保障社会公众利益、维护国家经济安全和市场经济秩序中发挥了重要作用。一是会计人才建设各项制度不断健全。制定出台《会计人员管理办法》《会计专业技术人员继续教育规定》《中国注册会计师继续教育制度》《关于深化会计人员职称制度改革的指导意见》《关于加强会计人员诚信建设的指导意见》等，修订印发《全国会计专业技术资格无纸化考试考务规则》《全国会计专业技术资格考试评卷工作规则》等。二是会计人才队伍规模不断壮大。通过加强会计专业技术资格管理、注册会计师资格管理，有序推进会计人员、注册会计师继续教育和能力评价工作，加强会计学历教育和师资队伍建设，我国会计人才队伍规模稳步增长，整体素质明显提升。截至2020年底，我国共有670.20万人取得初级会计专业技术资格，242.02万人取得中级会计专业技术资格，20.57万人通过高级会计专业技术资格考试；我国注册会计师行业从业人员近40万人，会计师事务所合伙人（股东）3.6万人；在开设本科以上学历教育的高校及科研单位中从事会计教学科研工作的人员超过1.3万人。三是会计人才培养重大工程成效显著。实施一系列会计人才培养项目，加强对企业总会计师、行政事业单位财务负责人、会计师事务所合伙人、会计教学科研人才和国际化高端会计人才的培养，发挥高端会计人才的引领辐射作用，带动和推进各级各类会计人才队伍建设。截至2020年底，共有1 802人入选全国高端会计人才培养工程，毕业1 071人；实施大中型企事业单位总会计师素质提升工程，培训6.7万人次；实施国际化高端会计人才培养工程，招收90名学员；实施会计名家培养工程，70人入选，39人获得“会计名家”称号；全国会计硕士专业学位研究生培养单位从最初的24家发展到269家，已累计招生超过12万人，授予学位超过8万人。四是会计人才发展环境不断改善。会计职

① 财政部．关于印发《会计行业人才发展规划（2021—2025年）》的通知［EB/OL］．［2021-12-23］．http://kjs.mof.gov.cn/zhengcefabu/202112/t20211227_3778132.htm.

能作用得到有效发挥，国家级会计人才培养基地加快建设，区域重点会计人才支持政策相继推出，增设正高级会计师，会计职业发展空间进一步拓展。

（二）“十四五”时期会计人才发展面临的形势。

“十四五”时期是我国全面建成小康社会、实现第一个百年奋斗目标之后，乘势而上开启全面建设社会主义现代化国家新征程、向第二个百年奋斗目标进军的第一个五年，会计人才工作面临新的机遇和挑战。

从机遇看，一是我国已转入高质量发展阶段，加快构建以国内大循环为主体、国内国际双循环相互促进的新发展格局，推进国家治理体系和治理能力现代化，将促使广大会计人才在挖掘经济增长潜能、优化经济结构，加强财会监督、防范化解重大风险，提升会计服务业发展能级和竞争力，推动经济社会持续健康发展等方面发挥更大作用。二是我国将深入实施新时代人才强国战略，加快建设世界重要人才中心和创新高地，深化人才发展体制机制改革，加快建立以创新价值、能力、贡献为导向的人才评价体系，全方位培养、引进、用好人才，将为我国会计人才干事创业营造更加积极的政策环境。

从挑战看，一是以信息技术、数字技术、人工智能为代表的新一轮技术革命催生了新产业、新业态、新模式，对会计理论、会计职能、会计组织方式、会计工具手段等产生了重大而深远的影响，需要会计理论工作者加强会计基础理论研究，推动我国会计理论创新发展；需要会计实务工作者深入应用新技术，推动会计审计工作数字化转型；需要会计管理工作者加强会计数据相关标准建设，推动会计数据资源开发利用。二是我国会计人才队伍区域发展差异较大，结构性失衡问题仍然存在，中西部地区会计人才队伍整体素质有待提高，基层行政事业单位会计力量亟需增强，高端会计人才仍然缺乏，难以满足高质量发展对创新型、复合型、国际化人才的要求。

二、总体要求

（一）指导思想。

以习近平新时代中国特色社会主义思想为指导，深入贯彻党的十九大和十九届历次全会精神，增强“四个意识”，坚定“四个自信”，做到“两个维护”，全面贯彻习近平总书记关于新时代人才工作新理念新战略新举措，立足新发展阶段，贯彻新发展理念，构建新发展格局，推动高质量发展，坚持党管人才，坚持正确政治方向，坚持人才引领发展，加大人才发展投入，构建科学规范、开放包容、运行高效的会计人才培养体系，建立以诚信评价、专业评价、能力评价为维度的会计人才综合评价体系，形成识才爱才敬才用才的良好环境和政策优势，推动我国会计人才战略思维提升、创新能力发展、数字智能转型，提升我国会计人才教育培养综合实力和会计人才资源竞争优势，为全面建设社会主义现代化国家提供有力人才保障。

（二）基本原则。

——坚持党管人才。坚持党对会计人才工作的全面领导，强化党组织领导和把关作用，全方位培养、引进、用好会计人才，突出会计人才政治能力建设，引导广大会计人才矢志爱国奉献、勇于创新创造。

——坚持立德树人。将立德树人作为会计人才教育培养的根本任务，弘扬社会主义核心价值观，加强会计法治教育、诚信自律教育、职业精神培育和专业能力建设，增强责任意识，提高担当本领，打造德才兼备、以德为先的会计人才队伍。

——强化顶层设计。围绕构建新发展格局和推动质量变革、效率变革、动力变革目标，有效整合会计人才政策措施，理顺政府、市场、社会、用人主体关系，明确各自功能定位，构建梯次分明、定位清晰、科学合理的会计人才发展工作体系。

——聚焦高端群体。面向经济主战场、面向国家重大战略需求，培养高层次会计人才，重点加强企业总会计师、行政事业单位财务负责人、会计师事务所合伙人、会计教学科研人才、国际化会计人才的培养，突出点上聚焦、以点带面、高端引领。

——注重整体提升。加大基层会计人才培养力度，重视青年人才培养，加强人才梯队建设，构建包括继续教育和学历教育等在内的终身学习培养体系，形成分层次、分类型、差异化的会计人才培养长效机制。

——加强协同推进。政府部门强化组织领导、政策支持、投入保障，激发高校、科研院所、企事业单位、社会团体和机构等参与会计人才建设工作的积极性和活力，构建政府、社会、市场协同推进的会计人才发展大格局。

（三）发展目标。

“十四五”时期，通过深化改革，会计人才发展体制机制改革取得突破性进展，会计人才培养、评价、使用体系更加健全，会计人才创新活力充分激发，会计职业发展环境更加优化，会计人才对我国经济社会发展的支撑作用明显增强。

——会计人才结构不断优化，人才布局与经济社会发展更加协调。会计人才资源总量稳步增长，会计人才分布、层次和类别等结构更趋合理，中西部地区会计人才素质明显提升，行政事业单位会计人才队伍不断充实，高端会计人才数量比“十三五”期末增长35%，建设一批高水平会计人才高地和高层次会计人才聚集平台，在会计理论前沿领域有一批开拓者，在主要会计国际组织有一批决策参与者和专家团队，在企业、行政事业单位、会计师事务所的关键岗位有一批核心骨干力量。

——会计教育培养体系不断健全，人才培养效能显著提升。以提升职业素养、创新能力为重点，完善会计专业技术资格考试和职称评审、注册会计师考试、继续教育、学历教育等；优化会计人员教育培养布局结构，基本形成各级财政部门、用人单位、高校和科研院所、行业协会等共同参与的开放、协同、联动的会计人员终身学习教育培训体系，不断提高会计人才队伍的能力素质和整体水平，促进各级各类会计人才认真履行岗位职责、规范执行财经法规、有效维护社会主义市场经济秩序。

——会计人才评价体系不断完善，人才评价作用有效发挥。围绕新时代推进高质量发展对会计工作的新要求，完善会计人才评价标准，突出评价职业道德、能力素质和工作业绩，充分发挥会计专业技术资格考试评价在会计人才评价方面的重要作用，促进评价结果与会计人才培养、使用相结合。

——会计人才使用机制不断创新，人才使用效能明显提升。加强与组织部门、人才主管部门、用人单位联动，推动会计人才信息整合、数据共享，积极为会计人才拓展事业和实现价值提供机会、条件和平台，促进会计人才有效流动和优化配置，充分发挥会计人才在经济业务、经营活动、监督管理等业务关口的作用。

三、主要任务

（一）加强会计诚信建设。

诚信是会计职业道德的重要内容，也是对会计行业的最基本要求。要加强会计法治建设，为会计诚信建设提供法律保障。修订会计法律制度、制定会计人员职业道德规范，修订完善注册会计师职业道德守则等，强化会计诚信意识，支持会计人员依法履职尽责，保护会计人员合法权益；完善会计法律责任体系，提高会计违法成本。要建立涵盖事前、事中和事后全过程的会计诚信体系，建立会计人员信用信息管理制度，规范信用信息归集、评价、利用，探索诚信积分管理机制，健全会计人员守信联合激励和失信联合惩戒机制，加强与有关部门合作，实现信用信息的互换、互通和共享，将会计人员信用信息作为会计人才选拔、培养、评价、使用的重要依据。支持会计相关行业协会建立健全信用承诺制度，加强行业自律。要加强会计法治教育、会计诚信教育和思政教育，将会计职业道德作为会计人才培养教育的重要内容，推动财会类专业教育加强职业道德和课程思政建设。要加大会计诚信宣传，组织开展先进会计工作者评选表彰，健全评选表彰机制，宣传先进事迹，鼓励会计人才主动担负起时代赋予的使命责任；加强对典型失信案例的警示教育。

（二）构建会计人才能力框架。

会计人才能力框架是从事会计工作或履行会计相关岗位职责应具备的能力和要求的组合，包括知识、技能、价值观等。以经济发展需求和行业发展趋势为导向，遵循人才成长规律，把握会计职业特点，针对不同层次、不同类别的会计人才分别构建能力框架，强化对会计信息化能力的要求，推动各级各类会计人才适应会计工作数字化转型。以能力框架为指引，制定会计人员继续教育科目指南，修订中国注册会计师胜任能力指南，构建高端会计人才培养核心课程体系，积极引导广大会计人员根据职业发展要求，持续加强能力建设，推动会计工作更好地服务高质量发展。

（三）健全会计人才评价体系。

会计人才评价是会计人才发展体制机制的重要部分，是会计人才资源开发管理和使用的前提。探索建立以诚信评价、专业评价、能力评价为维度的会计人才综合评价体系，充分发挥会计人才评价对会计人才教育培养的导向作用，促进广大会计人员提升能力、诚信执业。完善会计专业技术资格考试评价制度，修订会计专业技术资格考试大纲，加强会计专业技术资格考试组织实施管理，探索推进初级会计专业技术资格考试一年多考。加大对高级和正高级会计专业技术资格评审工作的指导力度，向艰苦边远地区适当放宽评审标准。研究会计专业技术资格考试、评审与注册会计师等职业资格考试科目互认、与会计专业学位研究生教育衔接的机制、与高端会计人才培养衔接的机制，减少重复评价，畅通各类会计人才流动、提升的渠道。

（四）完善继续教育管理体制机制。

开展继续教育是建设高素质专业化会计人才队伍的基础性战略性工作。紧密结合经济社会和会计行业发展要求，以能力建设为核心，完善继续教育制度，丰富继续教育内容，创新继续教育方式，突出继续教育的针对性、差异化、实用性和前瞻性，持续提高继续教育质量。充分利用云计算、大数据、虚拟现实、人工智能等新技术，推进继续教育信息化平台建设和应用，提供标准统一、内容规范、质量优秀的会计人员继续教育课程和注册会计师胜任能力全要素模块课程，开展继续教育师资库建设。将继续教育完成情况作为参加会计人才评价、会计人才选拔、先进会计工作者评选的重要依据。加强对继续教育机构的指导和监督，鼓励继续教育机构提供优质继续教育课程资源。各地财政部门应加强对本地区基层会计人员继续教育的管理。各业务主管部门、用人单位应支持和保障会计人员、注册会计师参加继续教育。会计人员、注册会计师应主动适应岗位需要和职业发展要求完成继续教育，不断完善知识结构，增强创新能力，提高专业水平。

（五）加强高端会计人才培训培养。

健全高端会计人才培训培养的有关制度安排，重点对大中型企业总会计师、行政事业单位财务负责人、会计师事务所合伙人等高端财会群体及其后备人员进行培训培养。完善以职业需求为导向、以实践能力为重点的高端会计人才培训培养模式，课上讲授与课下研讨相结合，课堂教学与现场教学相结合，线上培训与线下培训相结合，增强培训的实践性和实用性。财政部重点对中央单位和省级单位开展培训，设置短期培训和长期培训两个类别，短期培训聚焦岗位能力培训，长期培训着重加强中青年人才培养，有关培训资源将适当向艰苦边远地区倾斜。鼓励和支持各地财政部门加强对本地区单位重点群体的培训，并注重加强对本地区中小企业、民营企业、基层行政事业单位财务负责人和财政总预算会计以及代理记账机构负责人的培训。财政部推动全国高端会计人才培养纳入国家高端人才培养体系，各地财政部门应推动本地区高端会计人才培养纳入本级政府高端人才培养体系。各业务主管部门和用人单位应根据行业发展需求，有针对性地培养本行业、本领域、本单位的高端会计人才和涉外会计人才。各用人单位应鼓励和支持会计人员参加培训，并提供必要保障。

（六）推进会计学科专业体系建设。

会计学科专业是会计人才培养的基础和载体。构建适应经济发展、产业结构调整、新技术革命、国家治理体系和治理能力现代化等新形势的会计学科专业体系，积极推进论证会计学一级学科申报和建设。把握数字化、网络化、智能化融合发展的契机，促进会计学科与其他学科的交叉融合。适当增加政府会计、管理会计、会计信息化相关课程内容的比重。财政部门配合教育部门深化会计学历教育改革，依托部分高校，聚焦直接影响会计学科专业体系建设的关键因素，从师资、课程、教材、教学内容、教学方式和实践基地等方面进行以战略思维、业财融合、数字智能为导向的教改研究和探索，推动产学研一体化发展。增强会计职业教育适应性，进一步完善培养机制。加强会计基础理论研究，争做国际学术前沿并行者乃至领跑者，开展战略性、全局性、前瞻性问题研究，创新科研组织模式，建立重点研究基地，打造一批新型高校智库，为重大会计政策制定提供支持。

（七）提升会计专业学位研究生教育质量。

会计专业学位研究生教育主要培养具有较强专业能力、职业素养和创新思维的应用型会计人才。财政部会同国家教育主管部门、人才主管部门，面向会计行业当前及未来人才重大需求，开展会计硕士专业学位核心课程建设、教材建设、教学案例库建设和教育质量认证等工作；积极推进会计硕士专业学位教育与会计专业技术中级资格的衔接；积极推进设立会计博士专业学位，完善会计专业学位体系；优化跨院校的教师、学生之间的交流沟通学习平台，推进培养单位与实务部门在课程建设、实习实践和科学研究方面的合作。各培养单位要加大教学投入，健全教学激励机制，加强国际合作，建立培养方案动态调整机制，着力增强研究生实践能力、创新能力；培养优秀师资，引入和配备具有丰富实务经验、大数据分析等学科背景的会计青年教师；丰富课堂形式，采用案例教学、沙盘模拟、情景模拟、翻转课堂、整合性学习、线上线下混合式教学等教学方法；规范实习实践基地管理，与实践基地深入合作，开展符合实务导向要求的课外综合素质活动。

（八）搭建会计人员管理服务平台。

搭建会计人员管理服务平台是贯彻落实“放管服”改革要求，加强会计人员事中事后管理的重要手段。财政部建设全国统一的会计人员管理服务平台，对会计人员的基础信息、信用信息、继续教育信息等进行采集、管理和维护，建设全国会计人才数据库，动态掌握会计人才发展状况。各省级财政部门建立本地区会计人员管理服务平台，为本地区会计人员提供特色服务。财政部门应充分利用信息化技术，加强会计人员信息的分析、查询、利用，推动会计人员信息互联与共享，为会计考试报名、证书办理、继续教育登记等提供便捷高效政务服务，注重保护会计人员信息安全；建立高端会计人才数据库，搭建高端会计人才交流平台，吸收优秀人才加入会计专业咨询委员会提供决策咨询、担任师资、开展课题研究，发挥会计人才专业力量。逐步建立起行业主管部门、组织部门、人才主管部门、用人单位、会计人才共同参与的会计人才服务体系。

（九）加大会计人才培养基地建设。

会计人才培养基地是对会计人才进行知识更新和能力提升的服务平台。财政部加强国家会计学院建设，推动国家会计学院坚守高端培训办学使命，开展高端会计人才培养、会计专业学位研究生教育，创新培养模式、提高师资水平，打造高端会计人才培养主阵地；坚定特色发展办学方向，在高端会计人才培养、学位教育、智库建设中突出优势领域，形成差异定位协同发展新格局；坚持整合资源办学策略，切实发挥学院董事会、战略咨询委员会的咨询和支持作用，加强高质量在线学习平台建设，共建携手共进合作共赢大平台。鼓励和支持在北京、上海、粤港澳大湾区建设高水平会计人才高地，在高端会计人才集中的中心城市建设吸引和集聚会计人才的平台。鼓励和支持各地区重点针对地区、行业中急需紧缺的会计人才开展培训，为社会各单位和会计人员提供精细化的业务培训、能力提升等服务。鼓励和引导企业、高校、科研院所等参与会计人才联合培养，注重发挥会计行业组织（团体）在会计人才培养方面的作用，支持会计行业组织（团体）搭建会计学术交流、实践交流平台。

四、重大工程

为培养各领域的高端会计人才，财政部实施一系列重大会计人才培养工程，着力培养符合新时代高质量发展要求的大中型企业高端会计人才，符合新时代行政事业单位管理要求的高端会计人才，符合国家建设要求的注册会计师，符合教育改革要求、贴近会计实务的会计教学科研人才和学术带头人，符合会计国际交流合作需要的国际化高端会计人才。

（一）大中型企业总会计师培养工程。

通过实施大中型企业总会计师培养工程，着力培养符合新时代高质量发展要求的大中型企业高端会计人才，即具有良好职业操守、新时代发展理念、管理创新能力、全球战略眼光、社会责任感，能够站在时代前沿和战略全局思考问题，为实现企业战略目标出谋划策；能够形成与企业发展相适应的财务管理模式，有效发挥财务工作对企业发展战略和经营决策的支撑作用，不断提升价值创造能力；能够充分利用国际国内两个市场、两种资源，为企业发展提出全球性解决方案；能够有效识别、研判和应对经营风险，为企业健康持续发展提供支持和保障；能够引领带动企业会计人才队伍发展。具体培养计划为：对中央企业一二三级企业、省级国有企业一二级企业、上市公司和地方重点企业总会计师开展轮训，提升总会计师岗位能力素质，每年培训约2 900人，五年共培训约14 500人；选拔一批大中型企业优秀中青年会计人才进行重点培养，培养周期三年，每两年选拔1次，五年共选拔培养约240人。

（二）行政事业单位财务负责人培养工程。

通过实施行政事业单位财务负责人培养工程，着力培养符合新时代行政事业单位管理要求的高端会计人才，即具有较高政治素养、专业水平、管理能力，能够有效实施政府会计准则制度体系，规范行政事业单位会计核算，提高会计信息质量；能够加强部门预算管理、资产负债管理和成本绩效管理，积极推进预算管理一体化，为进一步深化预算管理制度改革提供支持；能够加强单位内控建设、信息化建设和管理会计应用，推动单位会计人才队伍建设，有效提升单位规范化、科学化管理水平，提高公共服务的效率和效果。具体培养计划为：对国家和省级行政事业单位财务负责人开展轮训，提升财务负责人岗位能力素质，每年培训约720人，五年共培训约3 600人；选拔一批行政事业单位优秀中青年会计人才进行重点培养，培养周期三年，每两年选拔1次，五年共选拔培养约120人。

（三）会计师事务所合伙人培养工程。

通过实施会计师事务所合伙人培养工程，着力培养符合国家建设要求的注册会计师，即符合“政治型、职业型、专业型、复合型、国际型”要求，能够带头践行“独立、客观、公正”的职业精神，持续提升专业胜任能力，熟悉市场规则，具有国际视野，既“专”又“博”发挥辐射效应，推动价值提升；能够在规范会计服务市场，优化执业环境，提升会计师事务所治理水平、审计质量和服务国家建设能力，增强我国注册会计师行业国际竞争力等方面发挥重要作用。具体培养计划为：对会计师事务所合伙人开展轮训，提升会计师事务所合伙人执业能力和管理能力，每年培训约1 000人，五年共培训约5 000人；选拔一批会计师事务所优秀中青年人才进行重点培养，培养周期三年，每年选拔1次，五年共选拔培养约180人。

（四）会计教学科研人才培养工程。

通过实施会计教学科研人才培养工程，着力培养符合教育改革要求、贴近会计实务的会计教学科研人才和学术带头人，会计教学科研人才应当具有良好师德师风、科研成果或教学效果突出，能够在加强会计理论和实践应用研究，推动会计学术创新和理论成果转化，融入国际学术前沿，创新教育教学方法，培养优秀会计人才，优化会计学科体系，提升会计学科地位等方面发挥重要作用；学术带头人应当在会计学术领域造诣精深、成就突出、享有较高声誉。具体培养计划为：选拔一批从事会计教学科研工作的优秀中青年人才进行重点培养，培养周期三年，每两年选拔1次，五年共选拔培养约120人；实施会计名家工程，发现、培养、举荐约15名造诣高深、成就突出、影响广泛的杰出会计理论与实务工作者。

（五）国际化高端会计人才培养工程。

通过实施国际化高端会计人才培养工程，着力培养符合会计国际交流合作需要的国际化高端会计人才，即具有开阔的国际视野、丰富的实务经验、突出的专业能力、娴熟的英语技能，能够运用综合战略思维，参与企业会计准则国际治理；能够利用开放的会计国际交流与合作机制，在多双边会计国际场合中踊跃“发声”，积极影响国际会计标准制定；能够凭借过硬的专业能力，深入研究国际财务报告准则项目，为我国会计准则建设贡献智慧和力量。具体培养计划为：选拔培养约150名国际化高端会计人才，通过参与国际会计标准制定和国际交流合作、发表会计专业意见、担任财政部企业会计准则咨询委员会委员等方式，为我国参与国际会计标准制定建言献策，提高我国在国际会计领域的话语权和影响力。

五、实施保障

（一）加强组织领导。

财政部负责本规划的统筹协调、宏观指导和组织实施工作，制定重点工程实施办法。各级财政部门和中央有关主管部门要重视会计人才工作，支持开展会计人才培养，加强政策协调，健全工作机制，切实抓好规划的贯彻落实。各地区（部门）可以结合实际，制定本地区（部门）的会计人才发展规划或制定支持本地区（部门）会计人才发展的政策措施。各用人单位要重视会计人才队伍建设，优化本单位会计人才发展环境，为会计人才成长提供必要的平台和经费支持，切实发挥会计人才作用。

（二）加大宣传引导。

各级财政部门和中央有关主管部门要通过各种渠道和形式大力宣传规划的重大意义、指导思想、基本原则、目标任务、重大工程，积极回应社会关切，及时宣传实施中的典型经验、做法和成效，引导社会各界关注会计人才，支持会计人才工作，营造全社会关心尊重会计人才、重视支持会计人才发展的良好氛围。

（三）强化管理队伍。

财政部加强对会计管理人才、财会监督检查人才的培训培养，通过组织承担重点专项任务、重大课题等，提升各级会计管理人才、财会监督检查人才的专业素质、管理能力和服务水平。各地财政部门和中央有关主管部门要加强本地区（部门）会计管理、财会监督队伍的建设，更好发挥会计管理人才、财会监督检查人才在推动会计法律法规和国家统一的会计制度的贯彻实施、加强财会监督检查、提升会计服务管理水平、营造良好会计环境等方面的作用。

（四）做好跟踪反馈。

各省级财政部门和中央有关主管部门要及时跟踪、总结规划实施情况，对于形成的先进经验、创新做法以及取得的成效等形成书面材料报财政部，财政部采取适当方式进行总结推广。各省级财政部门和中央有关主管部门要及时了解规划实施中出现的情况和问题，及时调整完善政策措施，确保各项任务和要求落实到位。

复习题

一、单项选择题

1.《会计行业人才发展规划（2021—2025年）》指出，截至2020年，我国共有（　　）万人取得初级会计专业技术资格。

A.205　　　　B.670.20

C.350　　D.416

2.《会计行业人才发展规划（2021—2025年）》指出，到2025年，高端会计人才量比“十三五”期末增长（　　）。

A.35%　　B.40%

C.50%　　D.60%

二、多项选择题

1.《会计改革与发展“十四五”规划纲要》规划内容包括（　　）。

A.面临的形势与挑战　　B.总体要求

C.主要任务　　D.保障措施

2.“十四五”时期会计改革与发展的总体要求包括（　　）。

A.指导思想　　B.基本原则

C.实施方案　　D.总体目标

3.“十四五”时期会计改革与发展的总体要求中的“基本原则”包括（　　）。

A.坚持党的领导　　B.坚持依法治理

C.坚持创新变革　　D.坚持融合发展

E.坚持开放包容

三、填空题

《会计行业人才发展规划（2021—2025年）》指出，“十四五”时期，通过深化改革，会计人才发展体制机制改革取得突破性进展，（　　）、评价、（　　）更加健全，会计人才创新活力充分激发，会计职业发展环境更加优化，会计人才对我国经济社会发展的支撑作用明显增强。

四、判断题

1.“十四五”时期是指2021年至2025年。（　　）

2.现行会计专业技术资格只有副高级，没有正高级。（　　）

3.现行会计专业技术资格的“高级会计师”相当于副高级。（　　）

4.总会计师是单位主要管理人员，不是会计专业技术职称。（　　）

5.大中型企业应当设置总会计师。（　　）

五、简答题

1.你认为会计学科与其他学科相比有哪些优势？

2.你认为目前会计学科专业人才主要面临哪些机遇？

3.你认为目前会计学科专业人才主要面临哪些挑战？

4.财政部制定的《会计改革与发展“十四五”规划纲要》共分为几大部分？

5.“十四五”时期会计改革与发展的主要任务是什么？

6.《会计行业人才发展规划（2021—2025年）》的主要任务是什么？

第六章

会计职业生涯

前面我们已经介绍了什么是会计学科、会计学科专业设置、保障会计工作正常进行的会计法律体系、我国会计工作行政管理体制、会计改革与发展的美好前景，而就业才是其最终落脚点，这就要求我们了解会计职业，做好自己的职业规划。

本章主要介绍会计职业所需要的会计学历教育、会计人员的专业技术资格与专业技术职务、注册会计师执业资格认证、国外权威会计资格认证及会计学术期刊，从而确定自己的会计职业生涯目标。也就是说，本章要告诉同学们如何“学会计、做会计、管会计”。

职业生涯就是一个人的职业经历。它是以心理开发、生理开发、智力开发、技能开发、伦理开发等人的潜能开发为基础，以工作内容为确定和变化，以工作业绩的评价，工资待遇、职称、职务的变动为标准，以满足需求为目标的工作经历和内心体验的经历。职业生涯是一个人一生中所有与职业相联系的行为与活动，以及相关的态度、价值观、愿望等连续性经历的过程，也是一个人一生中职业、职位的变迁及工作、理想的实现过程。职业生涯是一个动态的过程，它并不包含在职业上成功与否，每个工作着的人都有自己的职业生涯。

会计职业生涯就是一个人从事会计工作的职业经历。

第一节 会计学历教育

学历，是指一个人的学习经历（如我们小学、初中、高中、大学的学习经历）。在实际生活和工作中，人们通常讲的“学历”则是指具有特定含义、特定价值的“学历”。也就是说，一个人具有什么学历，是指他最后也是最高层次的一段学习经历，经教育行政部门批准，实施学历教育、有国家认可的文凭颁发权力的学校及其他教育机构所颁发的学历证书为凭证。

学力，是指学习能力和知识水平的简称，即指一个人的知识水平以及在接受知识、理解知识和运用知识方面的能力。

同等学力，是指学习经历不同，但在知识水平和学习能力方面达到同等程度。

同等学力人员是在学位与研究生教育工作中经常出现和使用的概念，通常指申请学位者或报考研究生的考生中，虽然没有大学本科或者硕士生、博士生学历（包括获得相应的学位），但通过自学或其他途径达到相当于大学本科或硕士生以及博士生申请论文答辩时的知识和能力水平的人员。在我国，同等学力资格，须经申请人所在单位证明以及接受其报考或申请的单位审核。

学位，是标志被授予者的受教育程度和学术水平达到规定标准的学术称号，经在高等学校或科学研究部门学习和研究，考试合格后，由有关部门授予国家和社会承认的专业知识学习资历。学位包括学士学位（本科毕业授予）、硕士学位和博士学位三种（研究生毕业授予）。博士是学位的最高一级。

会计学历教育，也称会计在校教育，是日后从事会计工作的人员获取会计专业知识、接受会计专业教育的起点，也是会计职业生涯的开始，属于会计教育的基础阶段。当前我国的会计学历教育体系分为中专、大专（高职高专）、本科、硕士研究生和博士研究生五个基本层次。以下重点介绍会计硕士研究生教育。

一、硕士研究生教育简介

研究生教育属于国民教育序列中的高等教育，又分为两个层次：硕士研究生和博士研究生。目前我国硕士研究生种类比较复杂，可以从以下角度划分：

（1）按照学习方式，硕士生可分为全日制硕士生和非全日制硕士生两种。前者指在高等学校和科研机构进行全日制学习的研究生；后者指在学习期间仍在原工作岗位承担一定工作任务的研究生。

（2）按照录取类别划分，硕士生录取类别分为非定向就业和定向就业两种。参加单独考试的考生，只能被录取为回原单位的定向就业硕士研究生。定向就业硕士研究生均须在被录取前与招生单位、用人单位分别签订定向就业合同。定向就业硕士研究生毕业后回定向单位就业。非定向就业硕士研究生毕业时采取毕业研究生与用人单位“双向选择”的方式，落实就业去向。招生单位及所在地省级毕业生就业主管部门负责办理相关手续。

（3）按照培养目标和培养方式，硕士生可分为专业学位研究生（简称“专硕”）和学术型学位研究生（简称“学硕”）两种。专业学位与学术型学位处于同一层次，培养规格各有侧重，在培养目标上有明显差异。学术型学位按学科设立，其以学术研究为导向，偏重理论和研究，培养大学教师和科研机构的研究人员；而专业学位以专业实践为导向，重视实践和应用，培养在专业和专门技术上受到正规的、高水平训练的高层次人才。专业学位教育的突出特点是学术型与职业性紧密结合，获得专业学位的人，一般不是从事学术研究，而是从事具有明显职业背景的工作，如工程师、医师、教师、律师、会计师等。专业学位与学术型学位在培养目标上各自有明确的定位，因此，在教学方法、教学内容、授予学位的标准和要求等方面均有所不同。

（4）按照考试方式划分，硕士生入学考试分初试和复试两个阶段进行。初试分为全国统一考试、联合考试、单独考试以及推荐免试。

全国统一考试中部分考试科目由教育部统一组织命题。联合考试是教育部批准的特定学科（类别）、专业（领域）的部分考试科目由全国统一（或联合）命题的考试。单独考试是经教育部批准的部分招生单位，为符合特定报名条件的在职人员单独组织命题而进行的考试。推荐免试是部分高等学校按教育部规定推荐本校优秀应届本科毕业生，确认其免初试资格，由招生单位进行复试的选拔方式。

硕士研究生具体分类，如图6-1所示。

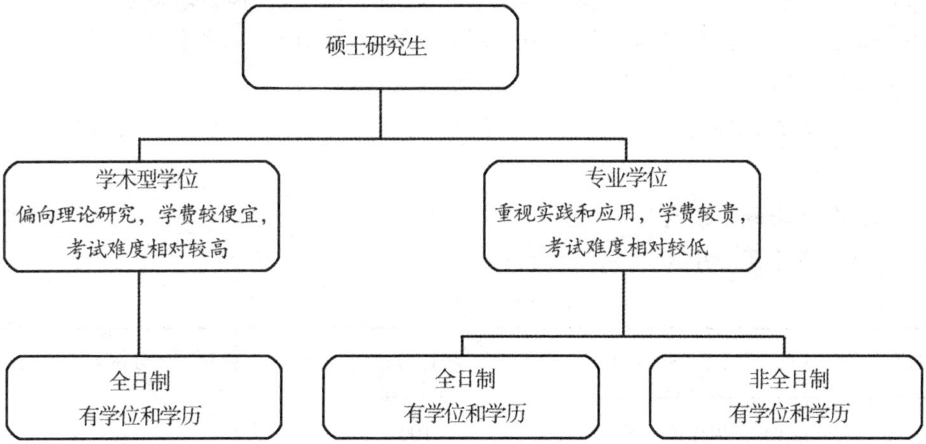

图6-1 硕士研究生具体分类

二、硕士研究生报考条件

报名参加全国硕士研究生招生考试的人员，须符合下列条件：

（1）中华人民共和国公民。

（2）拥护中国共产党的领导，品德良好，遵纪守法。

（3）身体健康状况符合国家和招生单位规定的体检要求。

（4）考生必须符合下列学历等条件之一：

① 国家承认学历的应届本科毕业生（录取当年9月1日前须取得国家承认的本科毕业证书，含普通高校、成人高校、普通高校举办的成人高等学历教育应届本科毕业生及自学考试和网络教育届时可毕业本科生）。

② 具有国家承认的大学本科毕业学历的人员。

③ 获得国家承认的高职高专毕业学历后满2年（从毕业后到录取当年9月1日，下同）或2年以上，达到与大学本科毕业生同等学力，且符合招生单位根据本单位的培养目标对考生提出的具体业务要求的人员。

④ 国家承认学历的本科结业生，按本科毕业生同等学力身份报考。

⑤ 已获硕士、博士学位的人员。

三、硕士研究生考试报名、考试时间

1.网上报名时间

录取前一年的10月10日至10月31日（具体时间各年会略有差异，下同），逾期不再补报，也不得再修改报名信息。

2.应届生网上预报名时间

录取前一年的9月24日至9月27日。

网上报名网址为"中国研究生招生信息网"（公网网址：http：//yz.chsi.com.cn；教育网址：http：//yz.chsi.cn；以下简称"研招网"）。网上报名后按规定时间、地点现场确认，相关要求参考当年"中国研究生招生信息网"招考公告。

3.考试时间

初试一般在录取前一年的12月份最后一个周末，复试一般在录取当年的3～4月份。

四、会计类硕士研究生考试科目

会计类硕士研究生考试科目见表6-1。

表6-1 **会计类硕士研究生考试科目**

硕士类型	初试科目	各科分值	总分	复试科目
会计学术型硕士	（101）思想政治理论	100	500	各校内容各不相同，参见各校研究生招生简章
	（201）英语一	100		
	（303）数学三	150		
	专业课（学校自主命题，各校不同）	150		
会计/审计专业硕士	（199）管理类综合能力测试	200	300	
	（204）英语二	100		

五、2024年管理类硕士研究生考试国家线

2024年全国管理类硕士研究生招生考试考生进入复试的初试成绩基本要求见表6-2。

表6-2 2024年全国管理类硕士研究生招生考试考生进入复试的初试成绩基本要求

学科门类	一级学科、专业学位类别（以下简称学科专业）	A类考生①			B类考生②			备注
		总分	单科（满分=100分）	单科（满分>100分）	总分	单科（满分=100分）	单科（满分>100分）	
管理学	工商管理［1251］、旅游管理［1254］、学位授权自主审核单位自主设置的专业学位类别	162	39	78	152	34	68	①A类考生：报考地处一区招生单位的考生。一区系北京、天津、河北、山西、辽宁、吉林、黑龙江、上海、江苏、浙江、安徽、福建、江西、山东、河南、湖北、湖南、广东、重庆、四川、陕西等21省市。②B类考生：报考地处二区招生单位的考生。二区系内蒙古、广西、海南、贵州、云南、西藏、甘肃、青海、宁夏、新疆等10省区
	公共管理［1252］	173	43	86	163	38	76	
	会计［1253］、审计［1257］	201	52	104	191	47	94	
	图书情报［1255］	198	51	102	188	46	92	
	工程管理［1256］	176	43	86	166	38	76	
	其他学科专业	347	49	74	337	46	69	

数据来源：中国研究生招生信息网（http：//yz.chsi.com.cn）。

注：自主划线的学校初试分数基本要求参考各校划线标准。

第二节 会计专业技术资格与职务

一、会计专业技术资格

会计专业技术资格，是指担任会计专业职务的任职资格，分为初级会计资格、中级会计资格和高级会计资格三个级别。会计专业技术资格考试介绍具体见表6-3。

二、会计专业职务

会计专业职务是区分会计人员从事业务工作的技术等级。会计人员的专业技术职务分为高级会计师、会计师、助理会计师、会计员。其中，高级会计师为高级职务，会计师为中级职务，助理会计师与会计员为初级职务。

表6-3　　会计专业技术资格考试介绍

资格级别	取得方式	考试时间	报名时间	考试科目	合格标准	报名条件
初级会计资格	闭卷无纸化	每年5月中旬	考试前一年的11月，网上报名，现场确认	初级会计实务、经济法基础	当年一次性通过方能取得初级会计资格	具备教育部门认可的高中毕业及以上学历
中级会计资格		每年9月中旬	考试当年的3月，网上报名，现场确认	中级会计实务、财务管理、经济法	成绩滚动计算，两年内通过有效，可取得中级会计资格	取得大专学历的，从事会计工作满5年；取得大学本科学历的，从事会计工作满4年；取得双学士学位或研究生班毕业的，从事会计工作满2年；取得硕士学位的，从事会计工作满1年；取得博士学位
高级会计资格	考试与评审相结合开卷考试			高级会计实务	考试合格后可参加评审	考试条件：取得会计师等财会类中级专业技术资格（即会计师、审计师、统计师以及财政税收专业经济师）后，从事本专业技术工作3年以上；取得财会类专业博士学位后，从事本专业技术工作；具备高级会计师资格，但不具备注册会计师资格，需申报正高级会计师资格的人员。 评审条件：详见评审当年当地人力资源和社会保障局公告的评审条件

1.会计员的主要职责和任职条件

主要职责：负责具体审核和办理财务收支；编制记账凭证、登记会计账簿，编制会计报表和办理其他会计事务。

任职条件：初步掌握财务会计知识和技能；熟悉并能按照执行有关会计法规和财务会计制度；能担负一个岗位的财务会计工作；大学专科或中等专业学校毕业，在财务会计工作岗位上见习1年期满。

2.助理会计师的主要职责和任职条件

主要职责：负责草拟一般的财务会计制度、规定、办法；解释、解答财务会计法规、制度中的一般规定；分析、检查某一方面或某些项目的财务收支和预算的执行情况等。

任职条件：掌握一般的财务会计基础理论和专业知识；熟悉并能正确执行有关的财经方针、政策和财务会计法规、制度；能担负一个方面或某个重要岗位的财务会计工作；取得硕士学位或取得第二学士学位或研究生班结业证书，具备履行助理会计师职责的能力，或者大学本科毕业后在财务会计工作岗位上见习1年期满，或者大学专科毕业并担任会计员职务2年以上，或者中等专业学校毕业并担任会计员职务4年以上。

3.会计师的主要职责和任职条件

主要职责：负责草拟比较重要的财务会计制度、规定、办法；解释、解答财务会计法规、制度中的重要问题；分析、检查财务收支和预算执行情况，培养初级会计人才。

任职条件：较系统地掌握财务会计基础理论和专业知识；掌握并能正确贯彻执行有关的财经方针、政策和财务会计法规、制度；具有一定的财务会计工作经验，能担负一个单位或管理一个地区、一个部门、一个系统某个方面的财务会计工作；取得博士学位并具有履行会计师职责的能力，或者取得硕士学位并担任助理会计师职务2年左右，或者取得第二学士学位或研究生班结业证书并担任助理会计师职务2~3年，或者大学本科或专科毕业并担任助理会计师职务4年以上；掌握一门外语。

4.高级会计师的主要职责和任职条件

主要职责：负责草拟和解释、解答一个地区、一个部门、一个系统或在全国施行的财务会计法规、制度、办法；组织和指导一个地区或一个部门、一个系统的经济核算和财务会计工作；培养中级以上会计人才。

任职条件：较系统地掌握经济、财务会计理论和专业知识；具有较高的政策水平和丰富的财务会计工作经验，能担负一个地区、一个部门或一个系统的财务会计管理工作；取得博士学位并担任会计师职务2~3年，或者取得硕士学位、第二学士学位或研究生班结业证书，或者大学本科毕业并担任会计师职务5年以上；较熟练地掌握一门外语。

第三节 注册会计师执业资格

一、注册会计师简介

注册会计师（Certified Public Accountant，CPA），是指取得注册会计师证书并在会计师事务所执业的人员，是从事社会审计、中介审计、独立审计的专业人士。注册会计师协会的会员主要包括执业会员（即注册会计师）和非执业会员，此外还可能包括荣誉会员。通过注册会计师考试，并在会计师事务所工作一定时间后，在注册会计师协会注册方可成为执业注册会计师。只是通过考试，才可以申请成为非执业会员。

二、注册会计师的考试制度

注册会计师全国统一考试是我国国家级执业资格考试，其组织领导机构为财政部组织成立的注册会计师考试委员会（以下简称“全国考委会”）。全国考委会下设办公室为具体办事机构（以下简称“全国考办”），全国考办设在中国注册会计师协会。各省、自治区、直辖市财政厅（局）组织成立的注册会计师考试委员会（以下简称“地方考委会”）是当地注册会计师考试组织领导机构，地方考委会办公室（以下简称“地方考办”）设在各省、自治区、直辖市注册会计师协会。全国考委会组织领导注册会计师全国统一考试，确定考试组织工作原则，制定考试工作方针、政策及规则，审定《考试大纲》，确定考试命题原则，处理考试组织工作的重大问题，指导地方考委会工作。全国考办负责具体组织、实施考试工作，指导地方考办工作。地方考委会贯彻、实施全国考委会的决定，组织、领导本地区的考试工作。地方考办负责具体组织本地区的考试工作。

注册会计师考试分为专业阶段和综合阶段，每年4月份报名，8月下旬考试。

1.报考条件

同时符合下列条件的中国公民，可以申请参加注册会计师全国统一考试专业阶段考试：

（1）具有完全民事行为能力；

（2）具有高等专科以上学校毕业学历，或者具有会计或者相关专业中级以上技术职称。

考试划分为专业阶段考试和综合阶段考试。考生在通过专业阶段考试的全部科目后，才能参加综合阶段考试。

有下列情形之一的人员，不得报名参加注册会计师全国统一考试：

（一）被吊销注册会计师证书自处罚决定之日起至报名截止日止不满5年者；

（二）参加注册会计师全国统一考试违规受到停考处理，期限未满者。

具有会计或者相关专业高级技术职称的人员，可以申请免予专业阶段考试1个专长科目的考试。

2.考试科目

注册会计师考试科目、考试时长及题型见表6-4。

表6-4 注册会计师考试科目、考试时长及题型（以2024年为例）

考试阶段	考试方式	考试科目	考试时长（分钟）	考试题型	满分/合格标准
专业阶段	闭卷无纸化	会计	180	单选13×2=26分，多选12×2=24分，计算分析题9×2=18分，综合题16×2=32分	每科满分100分，合格60分
		审计	150	单选20×1=20分，多选15×2=30分，简答题5×5+6=31分，综合题19×1=19分	
		财务成本管理	150	单选13×2=26分，多选12×2=24分，计算分析题4题36分，综合题1题14分	
		公司战略与风险管理	120	单选26×1=26分，多选16×1.5=24分，简答题4题26分，综合题1题24分	
		经济法	120	单选26×1=26分，多选16×1.5=24分，案例分析题50分	
		税法	120	单选26×1=26分，多选16×1.5=24分，计算回答题5×4=20分，综合题16+14=30分	
综合阶段	闭卷无纸化	职业能力综合测试（试卷一）	210	以鉴证业务为重点，内容主要涉及会计、审计和税法等专业领域	每卷50分合计100分，合格60分
		职业能力综合测试（试卷二）	210	以管理咨询和业务分析为重点，内容主要涉及财务成本管理、公司战略与风险管理和经济法等专业领域	

专业阶段考试报名人员可以同时报考6个科目，也可以选择报考部分科目。综合阶段考试科目为职业能力综合测试（试卷一、试卷二）。考试范围由《注册会计师全国统一考试大纲——专业阶段考试》和《注册会计师全国统一考试大纲——综合阶段考试》确定。

专业阶段考试的单科考试合格成绩5年内有效。对在连续5个年度考试中取得专业阶段考试全部科目合格成绩的考生，颁发注册会计师全国统一考试专业阶段考试合格证。注册会计师全国统一考试专业阶段考试合格证由考生到专业阶段最后科目考试报考所在市注协申领。对取得综合阶段考试科目合格成绩的考生，颁发注册会计师全国统一考试全科合格证。注册会计师全国统一考试全科合格证由考生到综合阶段考试报考所在省级注协申领。

三、会员注册办法

中国注册会计师协会个人会员分为执业会员和非执业会员。

1.执业会员注册办法

注册会计师依法执行业务，应当取得财政部统一制定的中华人民共和国注册会计师证书（以下简称“注册会计师证书”）。具备下列条件之一，并在中国境内从事审计业务工作2年以上者，可以向省级注册会计师协会申请注册：

（1）参加注册会计师全国统一考试成绩合格；

（2）经依法认定或者考核具有注册会计师资格。

注册申请人有下列情形之一的，不予注册：

（1）不具有完全民事行为能力的；

（2）因受刑事处罚，自刑罚执行完毕之日起至申请注册之日止不满5年的；

（3）因在财务、会计、审计、企业管理或者其他经济管理工作中犯有严重错误受行政处罚、撤职以上处分，自处罚、处分决定生效之日起至申请注册之日止不满2年的；

（4）受吊销注册会计师证书的处罚，自处罚决定生效之日起至申请注册之日止不满5年的；

（5）因以欺骗、贿赂等不正当手段取得注册会计师证书而被撤销注册，自撤销注册决定生效之日起至申请注册之日止不满3年的；

（6）不在会计师事务所专职执业的；

（7）年龄超过70周岁的。

2.非执业会员注册办法

通过注册会计师考试专业阶段和综合阶段考试的考生，取得注册会计师全国统一考试全科合格证书，向所在地省级注协提出申请，填写并提交《中国注册会计师协会非执业会员登记表》，省级注协审核申请信息，做出是否批准的决定，中国注册会计师协会审核申请信息，在行业管理信息系统中进行确认，并在财政会计行业管理网站、中注协网站和省注协网站上公告，最后由省注协颁发中国注册会计师协会会员证。

第四节 国外权威会计资格认证

目前，可在国内参加考试、国外认证的会计师资格证书主要有5种：英国特许公认会计师（ACCA）、英国国际会计师（AAIA）、加拿大注册会计师（CGA）、美国注册管理会计师（CMA）、澳大利亚注册会计师（ASCPA）。每张证书对应的国家和教学、考试内容都有一定区别，用来适应不同国家的会计制度。

一、英国特许公认注册会计师（ACCA）

1.主考机构：特许公认会计师公会

特许公认会计师公会（The Association of Chartered Certified Accountants, ACCA）成立于1904年，是目前世界上领先的专业会计师团体，也是国际上海外学员最多、学员规模发展最快的专业会计师组织。ACCA在国内被称为“国际注册会计师”，实际上是特许公认会计师公会（The Association of Chartered Certified Accountants）的缩写，它是英国具有特许头衔的四家注册会计师协会之一，也是当今最知名的国际性会计师组织之一。ACCA资格被认为是“国际财会界的通行证”。英国立法许可ACCA会员从事审计、投资顾问和破产执行的工作。ACCA会员资格得到欧盟立法以及许多国家公司法的承认。

2.考试科目

第一部分为基础阶段，主要分为知识课程和技能课程两个部分。知识课程主要涉及财务会计和管理会计方面的核心知识，也为接下去进行技能阶段的详细学习搭建了一个平台。技能课程共有六门课程，广泛地涵盖了一名会计师所涉及的知识领域及必须掌握的技能。

第二部分为专业阶段，主要分为核心课程和选修（四选二）课程。该阶段的课程相当于硕士阶段的课程难度，是对第一部分课程的引申和发展。该阶段课程引入了作为未来的高级会计师所必需的更高级的职业技能和知识技能。选修课程为从事高级管理咨询或顾问职业的学员，设计了解决更高级和更复杂的问题的技能。ACCA考试科目表（中英文）见表6-5。

表6-5 ACCA考试科目表（中英文）

第一部分		第二部分	
知识课程FUNDAMENTALS——KNOWLEDGE		核心课程PROFESSIONAL——ESSENTIALS	
F1	商业与技术Business and Technology（BT）	SBL	战略商业领袖 Strategic Business Leader
F2	管理会计 Management Accounting （MA）	SBR	战略商业报告 Strategic Business Reporting
F3	财务会计 Financial Accounting （FA）		
技能课程FUNDAMENTALS——SKILLS		选修课程PROFESSIONAL——OPTIONS （四门任选两门）	
F4	公司法与商法 Corporate and Business Law（CL）	P4	高级财务管理 Advanced Financial Management （AFM）

续表

第一部分		第二部分	
F5	业绩管理 Performance Management（PM）	P5	高级业绩管理 Advanced Performance Management （APM）
F6	税务 Taxation （TX）	P6	高级税务 Advanced Taxation （ATX）
F7	财务报告 Financial Reporting （FR）	P7	高级审计与认证业务 Advanced Audit and Assurance （AAA）
F8	审计与认证业务 Audit and Assurance（AA）		
F9	财务管理 Financial Management（FM）		

ACCA学员基础阶段F1～F9考试将不设通过时限，专业阶段的考试设7年的时限（即战略与选修阶段）。如果学员不能在7年内通过所有专业阶段考试，超过7年的已通过专业阶段科目的成绩将作废，须重新考试。7年时限从学员通过第一门专业阶段考试之日算起。

3.报考条件

符合下列条件之一，即可报名：

（1）教育部认可的高等院校在校生（本科在校），顺利完成大一的课程考试，即可报名成为ACCA的正式学员；

（2）凡具有教育部承认的大专及以上学历，即可报名成为ACCA的正式学员；

（3）年满16周岁，可先注册成为FLQ学员，通过FFA、FBT及FMA课程，获得初级商业会计证书后可转为ACCA学员。

4.获得证书的相关要求

（1）通过ACCA专业资格大纲13门课程的考试（其中9门根据学员的教育和专业背景可申请不同程度的免试）；

（2）至少3年的相关工作经验；

（3）完成职业道德与技能模块（EPSM）课程的学习和测试。

5.免试条件

部分财务相关专业大学在校或毕业学生，参加ACCA考试注册时，将获得一定科目的免试权。ACCA对于参加专业会计师考试（ACCA）的中国学员的免试政策见表6-6。

表6-6 ACCA免试条件

教育部认可的高校毕业生	
会计学专业——获得学士学位或硕士学位（金融、财务管理、审计专业也享受等同于会计学专业的免试政策，下同）	免试5门课程（BT-LW，TX）
会计学——辅修专业	免试3门课程（BT-FA）
法律专业	免试1门课程（LW）
商务及管理专业	免试1门课程（BT）
MPAcc专业（获得MPAcc学位或完成MPAcc大纲规定的所有课程、只有论文待完成）	免试5门课程（BT-LW，TX） 注：部分院校的MPAcc专业已专门申请ACCA总部的免试审核，因此有多于5门的免试，具体请查询ACCA总部官网
获得MBA学位	免试3门课程（BT-FA）

6.点评

ACCA证书在国际上得到广泛认可，被全球许多国家确定为法定的会计师资格证书，会员可从事审计、税务、破产执行及投资顾问等专业会计师的工作。同时，ACCA因其课程的全面性、完善性和综合性，而被誉为“财会专业的MBA课程”。对希望就职跨国公司财务部门的人员来说，参加ACCA的学习，可以大大提高财会专业英语水平，熟知相关的国际会计准则，并拥有优秀的财务背景和实务操作能力。

ACCA在国内推广比较早，培养的主要方向还是财务会计和审计方向，虽然也涉及管理会计内容但不是其重点。ACCA的优势在于对财务会计所有领域全面覆盖，而且研究深入，对英国的财务会计准则的研究也占较大比例，完成ACCA的认证就完全具备财务会计领域的中高级职位的知识结构要求。

报考ACCA需要注意：其一，美国倾向于使用美国财务会计准则，中国的财务会计准则同欧美准则有较大差异，ACCA的国际认可并不代表所有地域和企业的认可。其二，ACCA共有14门课程，难度较大，一般需要4年或以上时间才能完成，报考之前应做好规划。

二、英国国际会计师（AAIA）

英国国际会计师（Associate Member of AIA，AAIA）是国际会计师公会（AIA）颁发的正式全权会员（Associate Member）执业资格证书，是全球80多个国家和地区认可的法定执业资格证书，拥有全球审计签字权。根据英国公司法及欧盟互认协议，AAIA具备会计师和审计师的双重资格，也是AAIA“一证双师”的由来。

1.主考机构：国际会计师公会

国际会计师公会（The Association of International Accountants，AIA）创立于1928年，是国际性的注册会计师考试及认证机构。AAIA因其受到英国政府的官方认可，是当今世界最高标准的会计资格考试之一，AAIA专业资格证书是会计行业中炙手可热的执业资格证书，具有“一证双师”的极高荣誉，学员在获专业资格证书的同时，即享有会计师和审计师的双重执业资格。

2.考试科目

AAIA考试科目表（中文）见表6-7。

表6-7 AAIA考试科目表（中文）

阶段	考试科目	说明
基础阶段	P1财务会计Ⅰ（Financial Accounting Ⅰ） P2商务经济（Business Economics） P3管理会计Ⅰ（Management Accounting Ⅰ） P4商务法（Law） P5审计与税法（Auditing and Taxation） P6信息处理（Information Processing）	前12门每年4次考试机会，分别在1月、6月、7月和12月；最后4门考试时间为每年6月和12月。每次考试的课程大纲可以从AIA的网站上获得。前12门报考不分先后顺序，最后阶段必须在前两个阶段全部通过后，才可报考。所有课程必须在10年内完成。三个阶段都有相应的证书，择业领域主要是全球性跨国公司、跨国银行、会计师事务所等企事业单位
专业阶段（一）	P7审计学（Auditing） P8公司法（Company Law） P9管理信息（Management Law） P10商务管理（Business Management） P11财务会计Ⅱ（Financial Accounting Ⅱ） P12管理会计Ⅱ（Management Accounting Ⅱ）	
专业阶段（二）	P13财务会计Ⅲ（Financial Accounting Ⅲ） P14财务管理（Financial Management） P15高级审计（Professional Practice Auditing） P16税法和税收筹划（Taxation and Tax planning）	

3.报考条件

大专以上学历及在校生，自考或无学位者都可报考。

4.点评

AAIA是以英国为基础的国际会计师公会所授予的国际会计师专业资格证书，是五个受到英国法律承认的专业资格认证实体之一，其会计专业资格被认可为公司审计师的专业资格认证。有设立免考制度，学员依据规则可以申请免考一些科目。

三、加拿大注册会计师（CGA）

1.主考机构：加拿大注册会计师协会

加拿大注册会计师协会（Certified General Accountants Association of Canada，CGA-Canada）是经加拿大国会批准成立的会计专业团体，是国际会计标准委员会（IASC）、泛美会计学会（IAA）、亚太会计师联合会（CAPA）和国际会计师联合会（IFAC）四个国际性会计师组织的活跃成员。CGA专衔享有极高的国际公信力，协会会员可在加拿大执业，独立签署审计报告，或在世界各地从事高级财务及企业管理等工作。

要取得CGA专业资格，必须满足以下三个条件：一是要参加CGA课程培训并通过其组织的全球统一考试；二是要拥有被认可的大学本科学位；三是要具备经协会评审认定的2年或以上的会计相关工作经验（包括国内或海外经验）。

2.考试科目

CGA考试期限为6年，科目分为3级，即基础课程级、专业提高课程级和执业核心课程级。基础课程级的考试又分为3个水平，每一水平有4个科目，共12个科目；执业核心课程级的考试又分为执业核心考试（PACE）和执业综合考试（PAI）。CGA课程设置科学合理，4个级别＋综合考试共19门课程涵盖了财务、会计、统计、经济、法律、税务、审计、金融、计算机管理信息系统等各个领域。根据学员过往教育背景和专业背景，经评估后部分课程可能获得豁免，会计本科基本可以豁免8至9门课程。学员可以从不同级别开始学习，这既能满足不同教育背景、专业背景人员的学习需求，同时也能满足社会在职人员的学习要求。CGA课程结构（中英文）见表6-8。

表6-8 CGA课程结构（中英文）

级别	课程英文名称	课程中文名称
LEVEL 1	Financial Accounting 1	FA1 财务会计 1
	Economics 1	EM1 经济学 1
	Law 1	LW1 法律 1
	Computer Tutorials	CT1-3 计算机辅导（不考试）
LEVEL 2	Financial Accounting 2	FA2 财务会计 2
	Quantitative Methods 1	QU1 定量方法 1
	Management Accounting 1	MA1 管理会计 1
	Communications 1	CM1 高级商业英语写作 1
LEVEL 3	Financial Accounting 3 & Business Case 1	FA3 & BC1 财务会计 3 及案例 1

续表

级别	课程英文名称	课程中文名称
	Finance 1	FN1 财务管理 1
	Management Information System 1	MS1 管理信息系统 1
LEVEL 4	Accounting Theory 1	AT1 会计理论 1
	Management Accounting 2	MA2 管理会计 2
	Auditing 1 & Business Case 2	AU1 & BC2 审计 1 及案例 2
	Taxation 1	TX1 加拿大税 1
Professional Admission Comprehensive Examinations （PACE Level）专业资格综合考试	Financial Accounting 4	FA4 财务会计 4
	Finance 2	FN2 财务管理 2
	Management Information System 2	MS2 管理信息系统 2
	Professional Applications 1 & 2	PA1 & 2 专业认可综合性考试 1 和 2

3.报读条件

凡有志从事高级企业管理和财务监督工作的人士均可报名参加学习。高中毕业可以从初级课程开始修读；大学专科以上学历，按每人学历及成绩单经CGA亚太地区办事处评审可能获得若干学科豁免。

4.点评

CGA是国际公认的会计专业资格认证项目，持证者可在全球各地（主要还是加拿大）从事财务及其他企业管理工作。与其他会计考试相比，CGA课程不仅注重会计及财务管理知识，同时还注重计算机信息技术、应用分析能力、综合管理能力、领导能力等。因此，CGA会员有很多担任跨国公司或合资企业高级行政管理人员或CEO。

四、美国注册管理会计师（CMA）

1.主考机构：美国管理会计师协会

美国注册管理会计师（Certified Management Accountant，CMA）资格认证是由成立于1919年的美国管理会计师协会（Institute of Management Accountants，IMA）所建立的专业认证制度，是全球针对管理会计及财务管理领域的权威认证。注册管理会计师与美国注册会计师（USCPA）、金融特许分析师（CFA）一起并称为美国财会领域的国际三大黄金认证。CMA认证的目的在于培育管理会计人员和财务管理人员的知识广度，使其能预测商业的需求及参与策略决策制定。它客观地评估了学员在管理会计及财务管理方面的相关工作经验、教育背景、专业知识、实践技能、职业道德规范及持续学习发展的能力。CMA认证能帮助持证者的职业发展，保持高水准的职业道德要求，站在财务战略咨询师的角度进行企业分析决策，推动企业业绩发展，并在企业战略决策过程中担任重要的角色，在全球范围内被企业财务高管所认可。

CMA认证提供英文和中文两种考试语言，是唯一提供中文考试的管理会计认证，帮助中国会计和财务人士掌握管理会计知识体系和专业技能。2009年11月18日，中国国家外国专家局培训中心与IMA签约，将CMA认证列为国家人才重点培养项目，在国资委和大型央企的支持下，培养高层次、国际化的管理会计人才。

目前，中国有近5 000名的CMA持证者。2014年，IMA中国区会员薪酬调查报告显示，持有CMA认证的专业人士的工资收入比未持有CMA认证的同行高54%，总收入高71%。

2.考试科目

CMA考试一共设置两个科目，从第一个科目合格算起，3年内所有科目没有全部合格的情况下，第一次合格的科目就会失效，需要重新参加考试。而一旦通过CMA所有考试科目，并且积累到足够的工作经验，成功获得CMA证书后的有效期是终身的。考试语言可以选择英文或中文。CMA考试内容说明大纲摘要（中文）见表6-9。

表6-9 **CMA考试内容说明大纲摘要（中文）**

第一部分　财务规划、绩效与分析	第二部分　战略财务管理
A.对外财务报告决策（15%） 1.财务报表 2.确认、计量、记录和披露	A.财务报表分析（20%） 1.基本财务报表分析 2.财务比率 3.获利能力分析 4.特殊问题
B.规划、预算与预测（20%） 1.战略规划 2.预算概念 3.预测技术 4.预算方法 5.年度利润计划与附表 6.顶层规划与分析	B.公司财务（20%） 1.风险与报酬 2.长期财务管理 3.筹集资本 4.营运资本管理 5.公司重组 6.国际金融
C.绩效管理（20%） 1.成本管理与差异核算 2.责任中心与报告部门 3.绩效考核	C.决策分析（25%） 1.本/量/利分析 2.边际分析 3.定价

续表

第一部分　财务规划、绩效与分析	第二部分　战略财务管理
D.成本管理（15%） 1.计量概念 2.成本计算系统 3.间接成本 4.供应链管理 5.业务流程改进	D.风险管理（10%） 企业风险
E.内部控制（15%） 1.管理、风险与法规遵守 2.系统控制与安全措施	E.投资决策（10%） 1.资本预算流程 2.资本投资的分析方法
F.科技与分析（15%） 1.信息系统 2.数据管控 3.技术支持的财务转型 4.数据分析	F.职业道德（15%） 1.商业道德 2.管理会计和财务管理专业人士的职业道德注意事项 3.组织的道德考量

3.学历背景要求

（1）持有教育部认可的3年全日制大专毕业证书；

（2）持有教育部认可的学士学位证书；

（3）持有教育部认可的硕士研究生毕业证书、硕士学位证书、博士研究生毕业证书、博士学位证书；

（4）持有中国注册会计师协会认证的注册会计师证书（CPA）或国家会计资格评价中心认证的中级或高级会计师证书（中高级会计职称证书）。

4.工作经验要求

考生在通过全科考试后，可以在IMA网站上自行下载工作认证表格并填写，IMA在审核通过考生的教育认证和工作认证后才会寄发资格证书。

（1）CMA考试成绩保留7年，意味着考生要在7年内完成2年连续的管理会计工作经验认证。

（2）从业经验验证要看是否担任过在工作中需要利用管理会计和财务管理的原理做出判断的岗位。这样的岗位包括财务分析、预算准备、管理信息系统分析、财务管理，以及政府、财务或行业中的审计、管理咨询、公开会计审计及与管理会计或者财务管理有关的研究、教学或者咨询工作。

5.后续教育

在通过CMA考试但还未授予证书时，考生需要满足继续教育的要求并保持IMA会员的有效性。每年完成为期30个小时的继续教育，其中必须包括2个小时的职业道德教育。当工作经验要求满足后，考生将收到认证。

6.点评

美国管理会计师协会（IMA）旗下的专业资格证书，在许多国家和著名的跨国企业都获得广泛认可，被业界广泛称为Mini-MBA。采取中英文两种考试语言，考试题型、考试难度、证书含金量没有区别。作为典型的美国考试，题型不拘泥于条条框框的理论知识，考试题目即为平时财务工作中所遇到的实际问题，灵活实用。2013年1月，IMA与ACCA结成全球战略合作伙伴，ACCA会员报考CMA不再受学历要求限制。

五、澳大利亚注册会计师（ASCPA）

1.主考机构：澳大利亚注册会计师协会

澳大利亚注册会计师协会（Australian Certified Practising Accountant，ASCPA）于1953年成立，是澳大利亚最大的会计师组织，在国际上具有相当高的知名度，会员享有审计报告签字权。

2.考试科目

ASCPA考试科目表（中英文）见表6-10。

表6-10 **ASCPA考试科目表（中英文）**

阶段	课程英文名称	课程中文名称
基础阶段	IT and Business Processes	信息技术与商务流程
	Economics and Markets	经济学与市场学
	Foundamentals of Business Law	商业法律基础
	Business Finance	企业金融学
	Financial Accounting and Reporting	财务会计与报表
	Management Accounting	管理会计学
	Accounting Concepts and Principles	会计概念与原理
	完成澳大利亚会计专业本科或本科以上学位课程的学生可以免除以上考试	
专业阶段	Ethics and Governance	道德与行业管理
	Strategic Management Accounting	策略性管理会计
	Financial Reporting	财务报表
	Global Strategy and Leadership	全球策略与领导
	Advanced Taxation	高级税务学（没有学过审计学的学生必须选择这门课程）
	Advanced Audit and Assurance	高级审计学与认证
	Contemporary Business Issues	当下企业课题
	Financial Risk Management	金融风险管理

除了以上的考试外，学生还需再积累3年注册会计师监督下的工作经验，这些工作经验包括9个领域：学术方面（即从事会计方面的大学研究指导工作）、审计、财务会计、财务规划、信息技术（会计专业相关的信息技术工作）、债务重组、管理会计、税法和财务风险管理。

3.报考条件

报考ASCPA考试需要具有澳大利亚国家海外技能评定办公室（NOOSR）承认的大学会计学士学位，并达到规定的英语水平（雅思6.0或托福550分）。

4.点评

ASCPA是澳大利亚最大的会计师组织，在国际上具有相当高的知名度，会员享有审计报告签字权。对有意在跨国企业特别是澳大利亚企业的财务部门任职的人员来说，获得ASCPA证书将加大其就业竞争力。ASCPA可以选择全日制或在职培训两种学习方式。澳大利亚的会计师考试难度低于英国的考试，会计证认可程度高于加拿大的认证，同时又受到英国、美国和加拿大三国的互认，取得澳大利亚的会计师证可以使自己未来更容易获得英国、美国和加拿大的会计师证；但同时，其需要报考人员是在澳大利亚读的商科学士，或有其他的学士学位进而读取一个被认可的研究生文凭转换课程或硕士课程，在报考条件上需要斟酌。

第五节 会计学术期刊

本章已经介绍了会计学历教育、会计专业技术资格与职务、注册会计师执业资格、国外权威会计资格认证四部分内容，前三部分内容可以理解为“学会计、做会计、审会计”，第四部分内容介绍了世界上很多国家都认可的具有较高业务水平的会计资格认证。本节主要介绍展示会计学科改革、发展与创新成果的一个平台，把会计工作者在会计工作、会计理论、会计方法等方面取得的成果展示出来，达到信息共享、资源有效利用，并起到公示的作用，这就是“会计学术期刊”。

会计学术期刊不仅可以展现会计工作者的业务水平，也是会计工作者评定会计高级专业技术资格等方面的需要。

一、会计学术期刊的概念

在介绍会计学术期刊的概念之前，首先介绍期刊和学术期刊两个概念。

期刊，是指依法设立的出版单位定期或不定期出版的读物，有固定刊名，以期、卷、号或年、月为序。（也有人认为，只有定期连续出版的读物，才能称为期刊，不定期连续出版的读物，不能称为期刊，把定期或不定期连续出版的读物，统称为杂志）它根据一定的编辑方针，将众多作者的作品汇集成册出版。出版单位出版期刊，必须经国家广播电视总局批准，持有国内统一连续出版物号，领取《期刊出版许可证》。

学术期刊是一种经过同行评审的特定学科的期刊。学术期刊展示了该学科研究领域的成果，并起到了公示的作用，其内容主要以原创研究、综述文章、书评等形式的文章为主。

会计学术期刊，是指经过会计同行评审，涉及会计内容的学术期刊。会计学术期刊可以按不同的标志进行分类。例如，按期刊的主管部门分级，将期刊分为国家级、省部级、地市级；按期刊是否公开出版分级，将期刊分为非正式期刊（也称为内部发行期刊）和正式期刊（也称为公开发行期刊）；按期刊质量分级，将期刊分为核心期刊和非核心期刊等。

我国最常用的是按会计学术期刊的质量不同，将会计学术期刊分为中文核心期刊和非中文核心期刊（也称为普通期刊）。中文核心期刊，俗称“北大版核心期刊”，是指由北京大学图书馆与北京高校图书馆期刊工作研究会联合编辑出版的《中文核心期刊要目总览》，通过5项指标综合评估认定的期刊。没有被评为中文核心期刊的期刊，统称为非中文核心期刊，也称为普通期刊。

二、国内会计核心期刊

本节介绍的国内会计核心期刊就是指北大版核心期刊，此类期刊在会计学科领域中最能反映会计学科的学术水平，信息量大，利用率高，受到普遍重视。因此，在会计核心期刊发表的论文，都被认为是国内比较有水平的论文，常常作为评定高级会计技术职称或作为评价会计学术水平高低的重要标准，得到会计学界的普遍认可。目前，国内常见的会计核心期刊见表6-11。

表6-11　**国内常见的会计核心期刊**

序号	期刊名称	主办单位	创刊时间	期刊简介	中图分类号
1	会计研究	中国会计学会	1980年	CSSCI来源期刊	F23会计
2	会计与经济研究	上海立信会计金融学院	1987年		
3	会计之友	山西省社会科学院	1983年	北大核心	
4	中国注册会计师	中国注册会计师协会	1999年		
5	财会通讯	湖北省会计学会	1980年		
6	财会月刊	武汉财经传媒	1980年		
7	财务与会计	中国财政杂志社	1979年		
8	审计研究	中国审计学会	1985年	CSSCI来源期刊	F239审计
9	审计与经济研究	南京审计大学	1985年		
10	南京审计大学学报	南京审计大学	2004年	北大核心	

需要说明的是，会计核心期刊不是固定不变的，《中文核心期刊要目总览》每隔一定时期就要对中文核心期刊进行重新评估，确定出新的中文核心期刊。

三、国际公认的最顶尖的会计学术期刊

国际公认的最顶尖的会计学术期刊是比国内会计核心期刊还高级的学术期刊，反映了世界范围内会计学科的最高学术水平，能够在该类期刊中发表的学术论文，都被认为是会计学科最高水平的论文。评定博士学位常常要求在该类期刊中发表学术论文。国际公认的最顶尖的会计学术期刊见表6-12。

表6-12 国际公认的最顶尖的会计学术期刊

序号	期刊名称	发行单位	期刊简介
1	Accounting Review	美国会计学会（AAA）	简称AR，SSCI检索
2	Journal of Accounting Research	芝加哥大学	简称JAR，SSCI检索
3	Journal of Accounting and Economics	Rochester大学	简称JAE，SSCI检索
4	Contemporary Accounting Research	加拿大会计学会	简称CAR，SSCI检索
5	Accounting，Organization and Society	英国会计学会	简称AOS，SSCI检索
6	Review of Accounting Studies	南加州大学	简称ARS，SSCI检索

四、与会计有关的索引期刊

索引，通俗地说就是根据一定需要，把书刊（纸质或电子文档）中的主要内容或各种题名摘录下来，标明出处、页码，按一定次序分条排列，以供人查阅的资料。

在网络环境下，索引是一种单独的、物理的对数据库表中一列或多列的值进行排序的一种存储结构，它是某个表中一列或若干列值的集合和相应的指向表中物理标识这些值的数据页的逻辑指针清单。

索引的作用相当于图书的目录，可以根据目录中的页码快速找到所需的内容。因此，在进行会计学术研究等工作中，需要相关会计资料时，可以通过与会计有关的“索引”，快速地检索到所需的内容。如果前面介绍的核心期刊、顶尖期刊反映了会计学科的学术水平，则后面介绍的“索引”则是对会计学科高水平学术论文的收录，达到信息共享、资源有效利用。

国际公认的进行科学统计与科学评价的主要检索工具有：SCI（科学引文索引）、SSCI（社会科学引文索引）、EI（工程索引）、CPCI-S（科技会议录索引），是世界著名的四大科技文献检索系统。

与会计有关的索引期刊，主要有：

1.SSCI（社会科学引文索引）期刊

“SSCI”（Social Science Citation Index），中文可以理解为“社会科学引文索引”，

与“SCI”一样同为美国科学信息研究所创建，现收录了世界上不同国家和地区的社会科学期刊和论文，进行一定的统计分析，并划分为不同的影响因子区间，是当今社会科学领域重要的期刊检索与论文参考渠道。

其中，影响因子（Impact Factor，IF）是汤森路透（Thomson Reuters）出品的期刊引证报告（Journal Citation Reports，简称JCR）中的一项数据。即某期刊前两年发表的论文在该报告年份（JCR Year）中被引用总次数除以该期刊在这两年内发表的论文总数。这是一个国际上通行的期刊评价指标。

影响因子现已成为国际上通用的期刊评价指标，它不仅是一种测度期刊有用性和显示度的指标，而且也是测度期刊的学术水平乃至论文质量的重要指标。影响因子是一个相对统计量。

2.CSSCI（中文社会科学引文索引）期刊

“CSSCI”（Chinese Social Science Citation Information），即“中文社会科学引文索引”，俗称“南大版核心期刊”，是由南京大学研制成功的，是我国人文社会科学评价领域的标志性工程。CSSCI系统可提供我国各社会科学研究机构、高校、地区乃至学者个人的发表论文数量，期刊、论文、学者个人被引用情况，以及各种排序，由此可定量评价研究机构、高校、地区、学者个人的科研生产能力、学术成果、学术影响，评价社会科学学术期刊的质量和学术地位。

3.中文核心期刊要目总览期刊

由北京大学图书馆与北京高校图书馆期刊工作研究会联合编辑出版的《中文核心期刊要目总览》（以下简称《要目总览》），不定期出版。《要目总览》收编包括社会科学和自然科学等各种学科类别的中文期刊，其中对核心期刊的认定通过5项指标综合评估。《要目总览》就是通常所说的中文核心期刊，俗称“北大版核心期刊”。

第六节 会计职业生涯规划

在介绍会计职业生涯规划之前，先介绍“职业生涯规划”这一概念。

“职业生涯规划”（career planning），也称“职业规划”。在学术界，人们也喜欢称之为“生涯规划”，在有些地区，也有一些人喜欢用“人生规划”来称呼，其实表达的都是同样的内容。职业生涯规划，是指个人与组织相结合，在对一个人职业生涯的主客观条件进行测定、分析、总结的基础上，对自己的兴趣、爱好、能力、特点进行综合分析与权衡，结合时代特点，根据自己的职业倾向，确定其最佳的职业奋斗目标，并为实现这一目标做出行之有效的安排。

简言之，职业生涯规划就是对职业生涯乃至人生进行持续的、系统的计划的过程。一个完整的职业生涯规划由职业定位、目标设定和通道设计三个要素构成。

会计职业生涯规划就是指从事会计工作人员的职业生涯规划。

一、会计职业生涯

(1) 从会计教育学历看：中专、大专（高职高专）、本科、硕士研究生、博士研究生。

(2) 从企事业专业技术职称看：会计员、助理会计师、会计师、高级会计师、正高级会计师。

(3) 从企事业会计行政职务看：会计主管、财务经理、总会计师或CFO。

注：CFO（Chief Financial Officer）为首席财务官或财务总监。

(4) 从国家会计管理机构看：财政局、财政厅、财政部。

注：从会计管理机构具体负责的会计工作职务看：会计科长、会计处长、会计司长。

(5) 从会计中介服务机构看：会计师事务所（指依法设立的，受当事人委托，承办有关审计业务、会计咨询和会计服务业务的专门机构）。

二、会计专业人才知识技能与薪酬水平

会计专业人才知识技能与薪酬水平，如图6-2所示。

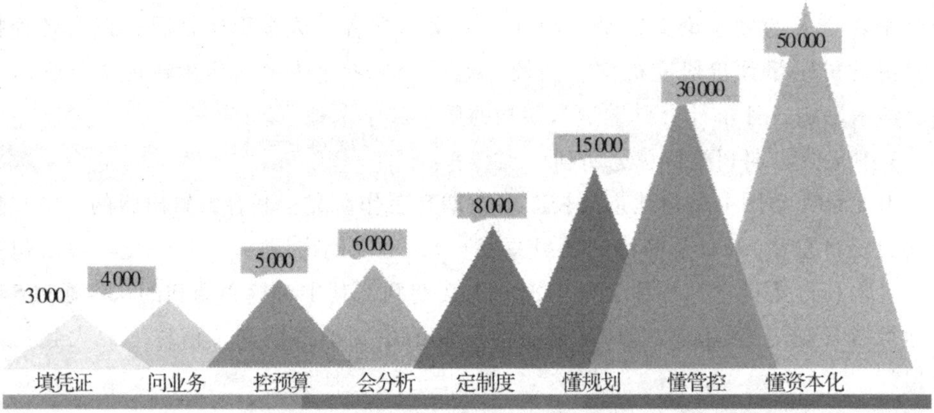

图6-2 会计专业人才知识技能与薪酬水平（单位：元）

图6-2的数据摘自用友新道VBSE财务综合实训解决方案，说明会计人员的薪资水平与其掌握的专业技能正相关。如果会计人员只拥有简单的核算技能，则可获得的薪酬回报处于最低位；如果懂控预算、会分析、定制度、懂规划等管理技能，则薪酬水平会不同程度地提升；再进一步是懂管控、懂资本化的人才，其薪酬水平处于最高位。

可见，社会对会计人才的需要不再限于以往简单的核算和监督层面，而是更多需要懂会计管理的人才。想要获得丰厚的薪资回报，必须要有强大的会计专业技术为支撑。作为刚刚进入大学校园的学生，应如何规划自己的会计职业生涯呢？

首先，要树立明确的目标。目标最重要，因为它是战略，决定了可能到达的高度。其次，要采取行之有效的方法。因为它是实现目标的路径，有效的方法可以事

半功倍。最后，要有持之以恒的态度。努力奋斗，永不放弃。

三、如何度过大学生活

大学是立德树人、培养人才的地方，是青年人学习知识、增长才干、放飞梦想的地方。同学们即将在大学里度过人生中最美好的四年，大学是你的人生新起点，不管你的过去怎样，你的背景如何，进入大学，你和其他同学一样站在同一起跑线上，你未来的生活，是你现在努力程度的直接体现。在大学里，同学们要做到如下几点：

一是要爱国，忠于祖国，忠于人民。

二是要励志，立鸿鹄志，做奋斗者。

三是要求真，求真学问，练真本领。

四是要力行，知行合一，做实干家。

四、做好会计职业生涯规划

会计职业生涯规划就是确定自己的最佳职业奋斗目标，并为实现这一目标做出行之有效的安排。每个会计人都有自己的会计职业生涯，这就要求我们每个同学都能给自己确定一个奋斗目标，这个目标不能定得太高，也不能定得太低。定得太高无法实现，如当财政部部长，显然很难达到；定得太低没有动力，如毕业后做一名称职的会计。我们认为，至少在职业定位上，应确定为一名会计主管、科长或处长，总会计师、财务总监、经理、厂长……然后进行目标设定和通道设计，每每想起自己的奋斗目标，就会感到：事业尚未成功，我们必须努力！人可以无知，但不能无志，无知者可以再学习，无志者不可能成就大事业。希望同学们沿着自己选定的专业，向前走，向下看。向前走，就是锁定目标，百折不回，锲而不舍，坚持、坚持、再坚持；向下看，就是路在地上，而不是在天上，要脚踏实地，一步一个脚印地向前走，我们不能离开所处的环境，多些现实，少些浪漫。

党的二十大报告指出："教育、科技、人才是全面建设社会主义现代化国家的基础性、战略性支撑。"财政部制定的《会计改革与发展"十四五"规划纲要》展现了会计改革与发展前景，《会计行业人才发展规划（2021—2025年）》（财会〔2021〕34号）提出了九条建设任务以及五项重大工程，给会计人的职业生涯增加了动力，指明了方向。会计改革与发展前景无限光明，会计行业人才发展规划（2021—2025年）鼓舞人心，愿我们每个人都能为会计改革与发展贡献一份自己的力量，成为一名光荣的会计人！

同学们！摆在我们面前的是：机遇与挑战并存，希望与困难同在。我们要认清形势，抓住机遇，看到希望，迈好职业生涯的第一步，让我们从现在做起，从一点一滴做起，不要好高骛远，不要贪图安逸。机遇，总是偏向那些有准备的人！希望就在你们面前，只要热爱自己选定的专业，既来之，则安之，既选之，则爱之。向着自己预定的目标，锲而不舍，不断攀登，学习、学习、再学习，坚持就预示着成功！为中华民族的振兴，为父母，更为自己，一定要学业有成。我们要做振兴的龙，而不做啃老的虫！用辛勤和汗水，描绘出自己的精彩人生！

最后，让我们以“会计人之歌”作为本书的结尾。

会计人之歌

细心沉稳是我的性格，管账用账是我的职责，
任钱来钱往川流不息，把握着资金跳动脉搏。

多少钱财经手中流过，仍两袖清风笑对生活，
一清二白是会计本色，为维护正义刚直不阿。

会计人恪守诚信为本，从不忘会计职业道德，
糖衣撼不动心理防线，炮弹打不垮做人准则。

会计人用凭证和铁账，把经济历史娓娓诉说，
有多少叱咤风云人物，人生荣辱在这里定格。

会计人挥洒神来之笔，昭示清廉也揭露丑恶，
账证表再现经营过程，业绩考评在这里定夺。

会计人更懂会计管理，为企业理财划策出谋，
在经济领域大显身手，融资投资让财富增多。

会计人胸装天下会计，“互联网+”把世界触摸，
云计算大数据添双翼，会计信息化一路飞车。

会计人不断攻城拔寨，勤学习不让岁月蹉跎，
用借贷构成和谐音符，奏响会计人时代之歌！

复习题

一、单项选择题

1.下列不属于中级会计资格考试的科目是（　　）。

A.中级会计实务　　B.财务管理

C.管理会计　　D.经济法

2.高级会计资格通过（　　）方式取得。

A.考试　　B.评审

C.考试+评审　　D.以上都不是

3.下列不属于北大核心期刊的是（　　）。

A.《财会月刊》　　B.《财会通讯》

C.《南京审计大学学报》　　D.《中国管理信息化》

4.下列不属于CSSCI来源期刊的是（　　）。

A.《会计研究》　　B.《审计研究》

C.《审计与经济研究》　　D.《中国审计》

二、多项选择题

1.当前我国的会计学历教育体系分为（　　）。

A.中专　　B.大专（高职高专）

C.本科　　D.硕士研究生

E.博士研究生

2.会计学术型硕士初试考试科目有（　　）。

A.英语一　　B.数学三

C.思想政治理论　　D.微观经济学

E.专业课

3.会计、审计专业硕士初试考试科目有（　　）。

A.思想政治理论　　B.管理类综合能力测试

C.英语二　　D.数学二

E.西方经济学

4.初级会计资格考试科目有（　　）。

A.初级会计实务　　B.经济法基础

C.英语二　　D.财务管理

E.数学二

5.从企事业专业技术职务看，有（　　）几个层次。

A.会计员　　B.助理会计师

C.会计师　　D.高级会计师

E.教授级高级会计师

6.世界四大索引是指（　　）。

A.SCI　　B.SSCI

C.EI　　D.CPCI-S

E.CSSCI

7.下列属于CSSCI来源期刊的有（　　）。

A.《会计研究》　　B.《审计研究》

C.《审计与经济研究》　　D.《中国注册会计师》

E.《中国审计》

8.下列属于中文核心期刊的有（　　）。

A.《会计研究》　　B.《财务与会计》

C.《财会月刊》　　D.《财会通讯》

E.《会计之友》

三、填空题

1. 硕士生按其学习方式，可分为（　　）硕士生和（　　）硕士生两种。

2. 硕士生按照培养目标和培养方式，可分为（　　）研究生和（　　）研究生两种。

3. 会计人员的专业技术职务分为高级会计师、会计师、（　　）、（　　）。

4. 会计学术期刊是指经过（　　）评审，涉及（　　）的学术期刊。

5.《中文核心期刊要目总览》就是通常所说的（　　），俗称（　　）。

四、判断题

1. 初级会计资格考试两门课程成绩滚动计算，2年内通过有效。（　　）

2. 中级会计资格考试三门课程成绩滚动计算，2年内通过有效。（　　）

3. 会计专业职务中，助理会计师与会计员为初级职务。（　　）

4. 会计专业职务中，会计师为中级职务。（　　）

5. 注册会计师是会计专业技术职务。（　　）

6. 中文核心期刊，就是指由北京大学图书馆与北京高校图书馆期刊工作研究会联合编辑出版的《中文核心期刊要目总览》。（　　）

7.《中国注册会计师》是CSSCI来源期刊。（　　）

8.《中国内部审计》不属于会计核心期刊。（　　）

五、名词解释

1. 注册会计师

2. 会计学术期刊

六、简答题

1. 国外权威会计类资格认证主要有哪几种？

2. 国内有哪些常见的会计核心期刊？

3. 国际有哪些公认的最顶尖的会计学术期刊？

4. 你准备如何规划自己的会计职业生涯？

5. 通过“会计学科专业导论”的学习，你有哪些收获？